JN059061

お殿様の人事異動

安藤優一郎

日経プレミアシリーズ

プロローグ

江戸時代は、国替えという名の大名の異動（転勤）が繰り返された時代である。大名は幕府（将軍）からの異動命令を拒むことは許されなかった。

当の大名は転封《てんぽう》してくる大名に城と所領を引き渡すとともに、転封先の大名からは城と所領を受け取るが、実際に国替えが完了するまで半年近くを要した。内示から発令、移動まで、それだけの時間が必要だった。

国替えとはすべての家臣とその家族を連れて移動するものであり、その引っ越し費用は参勤交代に要した費用とは比べものにならなかった。国替えの理由は様々だが、突然に命じられることが大半であり、当事者の大名や家臣は大混乱に陥る。幕府からすると、いわば人事権を行使することで自己の求心力を高められる効果があった。

将軍の人事権は老中や町奉行といった要職で威力を発揮したが、その裏では嫉妬と誤算が渦巻いていた。老中松平定信は将軍家斉から辞職願を慰留されることで権力基盤の強化に成功したが、最後は辞表が命取りとなり失脚した。辣腕ぶりで江戸庶民に人気が高かった火付《ひつけ》盗賊《とうぞく》改《あらため》方《がた》長谷川平蔵は、それゆえに上司や同僚の嫉妬を一身に浴び町奉行に就任できないまま終わった。

本書は、将軍が大名に行使した国替えという人事権、殿様と呼ばれた大名や旗本を対象とする人事異動の泣き笑いを通して、現代にも相通じる江戸時代の知られざる裏側に迫るものである。

各章の内容を簡単に紹介しておこう。

第Ⅰ章「国替えのはじまり〜秀吉・家康からの異動命令」では、豊臣秀吉による天下統一の過程で諸大名が頻繁に国替えを命じられた背景に迫る。秀吉から関東転封を命じられた徳川家康は関ヶ原合戦の勝利により天下人へと一気に上りつめるが、江戸開府に先立って断行した史上最大の国替えはその象徴だった。

第Ⅱ章「国替え・人事異動の法則〜幼君・情実・栄典・懲罰」では、国替えや幕府要職者の人事異動の基準を様々な事例を通してあぶり出す。江戸初期を除き、国替えの対象は主に譜代大名。役職の異動つまり昇進にも一定のコースがあったが、国替えにせよ昇進にせよ、その裏では情実そして金品が働いていた。

第Ⅲ章「国替えの手続き〜指令塔となった江戸藩邸」では、国替えの命令を受けた時から、城引き渡し、受け取りが完了するまでの過程を追う。国替えを命じられた藩どうしは綿密な打ち合わせが不可欠であり、幕府に進行状況を報告する必要もあったため、おのずから江戸藩邸が指令塔にならざるを得なかった。

第Ⅳ章「国替えの悲喜劇〜引っ越し費用に苦しむ」では、国替えに要する莫大な費用をめぐる領民との駆け引きに注目する。転封を命じられた大名は御用金という名の献金を御用達商人や領民に課すが、虫の良い話であり思惑通りにはいかなかった。逆に、領民から貸金の返済を求められて窮地に陥る事例が少なくなかった。

第Ⅴ章「人事異動の悲喜劇〜嫉妬と誤算」では、歴史教科書でもお馴染みの歴史上の著名人が人事異動に翻弄された姿に焦点を当てる。そこでは各人の栄達に対する周囲からの嫉妬や反発が決定的な意味を持っていた。

第Ⅵ章「国替えを拒否したお殿様～幕府の威信が揺らぐ」では、幕府が国替えを撤回した唯一の事例を取り上げる。天保十一年（一八四〇）に幕府が庄内・川越・長岡三藩に命じた三方領知替が撤回に追い込まれた背景と、その歴史的な意味を解き明かす。

エピローグ「国替えを命じられた将軍様」では、将軍の座から転落した徳川家が一転、明治政府に国替えを命じられた過程を追う。明治維新という政権交代の象徴的な出来事だったが、その後も戊辰戦争の戦後処理という名の国替えは続いた。

以下、お殿様の人事異動という切り口から江戸時代を生きた武士の実像に迫っていこう。

目次

第V章 人事異動の悲喜劇〜嫉妬と誤算 …………… 141

第 I 章

国替えのはじまり

～秀吉・家康からの異動命令

1　天下統一と徳川家康の関東転封

巧みなリークで最大のライバルを遠ざける

豊臣秀吉は天下統一の過程で諸大名に対する国替えを大々的に断行したが、徳川家康の関東転封はその象徴的なものであった。

天正十八年（一五九〇）三月一日、秀吉は居城小田原城に籠もる関東の雄北条氏政・氏直父子を討つため、京都の聚楽第《じゅらくだい》を出陣した。秀吉軍は東海道を進む本隊のほか、北条家の関東諸城を攻める前田利家や上杉景勝などの別働隊を含め、総勢二十万人を超える大軍だった。

東海道軍の先鋒は北条家と姻戚関係にあった徳川家康である。その娘督姫がかつて氏直のもとに嫁いでいた。

秀吉軍は小田原城を包囲する一方、北条家の属城である上野国《こうずけのくに》の松井田城、館林城、武蔵国《むさしのくに》の川越城そして江戸城などを次々と陥落させた。七月五日には孤立した小田原城も開城し、北条家は降伏する。

同十一日、氏政と弟氏照は戦いの責任を取る形で自害を命じられた。氏直は家康の娘婿だったことが考慮されて助命され、高野山に追放となる。ここに、戦国大名の北条家は滅亡した。

十三日に小田原入城を果たした秀吉は、すぐさま戦後処理に取りかかる。その眼目は北条家旧領の処置だが、約二百四十万石にも及んだ所領を与えられたのは小田原攻めの先鋒を務めた家康であった。

開城前から、家康の関東転封の噂は流れていた。発信源は秀吉の本陣である。水面下で家康に国替えを打診するとともに、国替えの情報をリークすることで外堀を埋めていったのだ。

百万石ほどの身上の家康にとってみれば数字上は倍増なのだが、艱難辛苦《かんなんしんく》の末、支配下に収めた五か国（三河・遠江《とおとうみ》・駿河・甲斐・信濃）の所領を取り上げられた上での加増だった。この国替えには家康の力を削ぐとともに、秀吉の本拠である上方から遠ざける意図も秘められていた。いわば敵地に乗り込む形であり、その支配には当然ながら前途多難が予想された。

しかし、家康はその命を甘受して関東に移る。江戸城を新たな居城とし、関東の大守として実力を蓄えるのである。

国替え拒否で改易された織田信雄と家康包囲網

一方、家康の旧領は信長の次男で織田家当主の尾張国の清洲城主織田信雄《のぶかつ》に与えられたが、尾張や伊勢国《いせのくに》などの所領を取り上げた上での国替えだった。いわば玉突き人事である。

ところが、信雄は父祖よりの所領である尾張を取り上げられることを嫌がり、転封命令を拒否してしまう。よって、秀吉の怒りを買い、改易《かいえき》に処された。所領をすべて没収され、大名としての地位を失った。国替えを拒否して改易された最初で最後の大名となる。

信雄に代わって家康の旧領に封ぜられたのは、秀吉子飼いの武将たちだ。中村一氏（駿府城主）、堀尾吉晴（遠江浜松城主）、山内一豊（遠江掛川城主）、田中吉政（三河岡崎城主）、池田輝政（三河吉田城主）たちが続々と東海地方に入っていくが、関東に封ぜられた家康に備えた配置でもあった。

小田原開城後、秀吉は奥州へと向かう。東北平定を目指して秀吉への臣従を拒み続けた米沢城主の伊達政宗は小田原攻めの最中に秀吉のもとに出向き、家臣としての礼を取っていた。これにより改易処分は免れたが、その停戦命令に背く形で奪取した会津領は没収されることになる。

その途次、下野国《しもつけのくに》の宇都宮城に入った秀吉は出頭してきた北関東や東北の諸大名に対し、朱印状を交付して所領を安堵した。あるいは小田原に参陣しなかった大名を改易に処した。七月二十六日のことである。

引き続き、秀吉は大軍をもって陸奥国《むつのくに》に入ったが、その道案内役を勤めたのは政宗だった。八月九日、秀吉は会津黒川城に入り、天下人としての威光を東北の諸大名にみせつける。そのまま帰途に就いたが、秀吉軍はさらに北上し、かつての奥州藤原氏三代の本拠地・平泉まで進撃している。

こうして東北も平定されたが、政宗から取り上げた会津領は伊勢松坂十二万石の蒲生氏郷《がもううじさと》に与えられた。その所領は四十二万石（後には約九十二万石に加増）にも達したが、家康と同じく国替えの上での加増だった。氏郷には関東の家康を背後から牽制するとともに、東北制覇の野心を捨ててはいなかった政宗を監視する役目も課されていた。

関東に続けて東北の平定も実現したことで、秀吉は天下統一を完了する。

災い転じて福となした家康

家康の所領は、北条家の旧領に加えて、近江などで与えられた所領を含めると約二百五十万石にも達した。ただし、関東の太守ではあったものの、そのすべてを支配下に置いたわけではない。相模・武蔵・上総《かずさ》・下総国《しもうさのくに》は全域だが、上野国は大半、下野国は一部のみ。常陸国《ひたちのくに》は佐竹家、安房国《あわのくに》も里見家の領国だった。関東以外でも北条家旧領の伊豆国《いずのくに》を与えられた。

北条家に代わり関東の太守となった家康が居城に定めたのは江戸城である。家康入城前の江戸については、葦原が茂り、家が点在する寂れた漁村だったという言い伝えが残されているが、それは事実ではない。

家康が居城に定める前から、江戸は城下町として発展を遂げていた。家が点在する寂れた漁村どころではなかった。諸国からの商船が港へ頻繁に出入りした。城下には商人が群集し、市《いち》も毎日開かれ、人家も密集していた。

太田道灌により江戸城が築かれたのは、応仁の乱の少し前にあたる長禄元年（一四五七）のことだが、道灌が江戸に城を築いたのは陸上や海上交通の要衝でもあったからだ。陸上では鎌倉・甲州街道により関東各地と結ばれ、海上では東海と東北を結ぶ場所に位置した。だからこそ、江戸は賑わいをみせていた。

北条家に代わり関東の太守となった家康は、小田原城でなく江戸城を居城と定めるが、それは秀吉の意思でもあったことはあまり知られていない。江戸は関東の中央部に位置し、西に偏り過ぎる小田原よりも関東支配には適していた。陸上・海上交通の結節点としても発展を遂げた要衝でもあった。

秀吉としては天下を安定させるためにも、家康には関東をしっかり統治してもらわなければならない。そのため、江戸城を居城とするよう命じたのである。

同様の意図のもと、秀吉は家康の関東支配にも介入する。徳川四天王の井伊直政は上野国箕輪十二万石、榊原康政は上野国館林十万石、本多忠勝は上総国大多喜十万石を家康から与えられたが、これにしても秀吉の指示であった。

家康の関東転封については、秀吉の本拠である上方から遠ざける意図があったことは否めない。そして、先祖伝来の土地から引き離された家臣たちにはまったくの不評だったが、家康にとっては必ずしも悪い話ばかりではなかった。

国替えにより、独立性の強い家臣の力を削ぐことが可能となるからだ。家康も他の大名と同じく家臣の統制には苦労しており、その点でいえば災い転じて福となした格好だった。

秀吉が天下統一の過程で国替えを頻繁に行った理由も、まさにその点に求められる。家康も天下人になると、この路線を踏襲するのである。

2　関ヶ原合戦と空前絶後の国替え

対家康の切り札、上杉景勝の会津転封

天下統一後も、秀吉は国替えを幾度となく断行する。大名の人事異動は絶えなかったが、改易や減封《げんぽう》の多さが背景にあった。その分、別の大名が転封されてくる計算になるからだが、後の歴史に大きな影響を与えた国替えといえば、何といっても上杉景勝の会津転封だろう。

慶長三年（一五九八）一月、秀吉は越後国《えちごのくに》の春日山城主上杉景勝に対して会津への転封を

命じた。景勝は上杉謙信の甥にあたるが、秀吉の天下取りを支える形で領国の保全に努めた人物である。豊臣政権の五大老の一人にも列せられ、豊臣政権の重鎮となった。

景勝は越後から会津への国替えに際し、百二十万石に加増される。旧領が五十万石余であるから倍以上の加増だ。石高でみると、二百五十万石の家康には及ばないが、同じ五大老の一人で中国地方の雄・安芸国《あきのくに》広島城主の毛利輝元と石高では同じであった。

会津を所領としていたのは蒲生氏郷だが、文禄四年（一五九五）二月に死去していた。嫡男秀行が跡を継ぐが、若年であるため家中を統率できず、家臣団の内訌《ないこう》も激しかった。そのため、秀吉は蒲生家を九十二万石から十八万石に減封した上で、下野宇都宮に国替えとする。その旧領に据えたのが景勝なのである。

氏郷には東北の諸大名を統括するとともに、関東の家康を牽制する役割を秀吉から期待されていたが、跡継ぎの秀行では無理と判断されたのだ。景勝がその役割を担うことになる。

家康の牽制役を期待された景勝だが、会津はそれまで何のゆかりもなかった土地である。領国経営を安定させるため、様々な手を打つ必要があった。何よりも新領主たる上杉家の威光を領民たちに誇示しなければならなかったが、領主のシンボルたる居城の会津黒川城は手狭だった。

よって、近くの神指《こうざし》の地で新城の建設を開始する。神指村など十三か村の農民を強制移転させ、新たな城下町を造るという大がかりな築城工事であった。動員された人夫は十二万人にも及んだ。

城下町建設と並行して、領内整備の一環として街道や橋の普請《ふしん》も行った。大量の武具を買い集め、大勢の牢人《ろうにん》も召し抱えた。会津への国替えに伴い所領が二倍以上に増えた以上、牢人を召し抱えて家臣を増やす必要があったからだ。そうした事情は武具についてもあてはまる。

だが、国替えに伴う大量の武具買い集めや大勢の牢人の召し抱えは、上杉家の軍事力強化を意味した。家康を強く刺激することになる。

国替えに伴う遺恨勃発

上杉景勝の会津転封から七か月後の八月十八日、秀吉は伏見城で波乱の生涯を終えた。跡継ぎの豊臣秀頼は数えでわずか六歳であり、豊臣政権を牽引する力はなかった。

自分亡き後の豊臣政権の行く末を案じた秀吉は、家康など有力五大名を五大老に、近江国佐和山城主石田三成たち直臣から大名に取り立てた五名の吏僚を五奉行に、それぞれ任命した。この五大老・五奉行をして幼主秀頼を補佐させた。

ところが、家康は秀吉の死後、有力大名との間に次々と婚姻関係を取り結んでいく。秀吉の遺命では、大名どうしの婚姻には大老・奉行の総意を得ることが必要とされていたが、家康は自身が大老であるにも拘わらず、遺命に背いて独断で婚姻関係を結ぶ。尾張国の清洲城主福島正則、阿波国《あわのくに》の徳島城主蜂須賀家政、陸奥国の岩出山城主伊達政宗がその相手先だった。

勢力拡大を目指した政略結婚に他ならない。家康は天下取りの野心を露骨にみせはじめる。

そして、秀吉子飼いの大名どうしの争いを利用し、自分に異を唱えた三成を失脚に追い込む。亡父の跡を継いで大老となった加賀国《かがのくに》金沢城主の前田利長を屈服させることにも成功した。次にターゲットとしたのが同じく大老の上杉景勝であった。

会津百二十万石の大名にふさわしい居城を建設することで領国支配を強化したいという意

図のもと、景勝は領内の街道や橋の普請を行い、大量の武具や牢人も集めたわけだが、家康の疑念を生んでしまう。秀吉が景勝に何を期待して会津の領主に据えたかは、家康は先刻お見通しだったはずだ。景勝の意図はどうあれ、家康としては背後に脅威を感じざるを得ない。

そんな折、上杉家の重臣藤田信吉が家中で孤立し、景勝が謀反を企てていると家康に告発してきた。慶長五年（一六〇〇）三月のことだが、景勝謀反の告発は別の筋からも家康のもとに届いていた。上杉家の会津転封に伴い、越後に国替えとなった堀秀治の家老堀直政が告発者だった。

景勝が慶長三年正月に会津への国替えを命じられた際、旧領の越後で徴収済みだった前年の年貢を会津にすべて運び込んでいたことが事の発端だ。同年六月に越前国の北ノ庄城主だった堀秀治が新領地の越後へ入ったが、秋に入らないと年貢を徴収できなかったため、それまでの間、城内の米蔵は空の状態であった。窮した堀家は、前領主の上杉家から米を借用する羽目となる。

ようやく秋に入り、慶長三年の年貢を収穫する時が来たが、ここで大問題が生じる。予定量を徴収できなかったのだ。大勢の領民が旧領主上杉家の御供をする形で会津へと向かったため、農地が放棄された事例が多かったのである。

驚いた堀家が領内の検地を実施したところ、越後魚沼郡のある村などは八割の田で耕作が放棄され、農民の約九割が越後を去っていたことが判明する。堀家は年貢徴収を強化するが、当然ながら領民たちの反発を買う。

極度の財政難に陥った上、領民の猛反発にも直面した堀家は上杉家に遺恨を抱く。秀治の意を受けた家老堀直政は窮状を家康に訴えるとともに、上杉家に不穏な動きがあると申し立てた。越後と神指城の築城工事に加え、名だたる牢人を大勢召し抱えている、大量の弓矢や鉄砲も集めていると申し立てて、危機感を煽ったのである。

史上最大の国替え・改易へ

堀家や上杉家中からの告発を受けて、家康は会津出陣つまり上杉家討伐の意思を示す。しかし、大老や奉行衆から自重を促されたため、まずは使者を派遣して上洛を勧告し、弁明の機会を与えることになった。上洛を拒否すれば、討伐を断行するという二段構えで臨む。

慶長五年四月二十三日、家康が派遣した使者が会津に到着し、景勝に対面した。上洛を促したが、景勝は家老の直江兼続《かねつぐ》をして返書を作成させたという。家康への挑戦状として喧伝される直江状だ。

直江状は景勝の意を踏まえた上杉家の公式見解だったが、結論からいうと、上杉家は上洛を拒否する。徹底抗戦を覚悟し、領内の防備を急ぎ固めていく。

これにより、家康は上杉家討伐を決意する。諸大名を率いて大坂城を出陣する運びとなった。六月十六日のことである。

七月二日、家康は江戸城に入り、同二十一日に会津へと向かったが、その頃、家康不在の上方では異変が起きていた。失脚していた石田三成が挙兵したのだ。大坂城に毛利輝元を迎え入れ、十七日には豊臣政権の名で家康を弾劾する書面を全国の諸大名に向けて発していた。

こうして、関ヶ原合戦へのレールが敷かれるが、よく知られているように、九月十五日の戦いで家康率いる東軍は三成率いる西軍を破る。その後、大坂城に入った家康は戦後処理に着手した。西軍に参加した諸大名を改易ないし減封に処す一方で、東軍に参加した諸大名への論功行賞を断行する。

改易となった大名は八十八家にも及び、その総石高は四百十六万千四十八石に達した。減封となった大名も毛利家や上杉家など五家あり、没収された石高は二百八万二千七百九十石にも上った。毛利家（百二十万石→三十六万石）、上杉家（百二十万石→三十万石）の削減分が大きかったのだ。豊臣家直轄領の削減分も含めると、没収された所領は約七百八十万石となり、当時の日本全国の総石高（約千八百五十万石）の約四〇％にも相当した。

これを元手に論功行賞が行われたが、半分以上の四百二十五万石が家康に味方した大名に加増された一方で、三割弱の二百二十万石をもって一門や家臣を大名に取り立てた。残りの百三十五万石は徳川家の直轄領に組み入れた。

そして加増を口実に、東海地方に配置されていた秀吉子飼いの諸大名を江戸から遠ざけるように遠隔地へ転封した。中国・四国・九州など西国へ一斉に移したのだ。その後に徳川家一門（親藩大名）や大名に取り立てた家臣（譜代大名）を配置し、家康の本拠である東国を固めた（本多隆成『定本　徳川家康』吉川弘文館）。

一連の国替えとは、家康が豊臣家に取って代わり天下人の座に就くための環境整備に他ならなかった。その人事異動とは、日本史上後にも先にも例がないほどの大規模なものだった。

慶長八年（一六〇三）二月十二日、家康は征夷大将軍に任命され、江戸に幕府を開く。その後も徳川将軍家は諸大名に対して国替えという名の人事権を行使することで、幕府権力の強化を目指すのである。

第　II　章

国替え・人事異動の法則

～幼君・情実・栄典・懲罰

1 国替えの理由

権力を盤石にする戦略的な国替え

改易とともに、幕府の大名統制策として威力を発揮した転封は江戸時代を通じてみられた。とりわけ江戸初期に集中したが、そうした事情は改易にもあてはまる。三代将軍徳川家光の頃まで、多くの大名が改易（減封）に処せられたことは歴史教科書では定番の記述だが、改易が多ければ転封も多くなるのはいうまでもない。

戦国の余風が吹きやまぬ時期であり、幕府の礎はいまだ盤石ではなかった。有力外様大名が連合して反乱を起こせば、どうなるか分からない。大坂城を居城とする豊臣家が健在の時などはなおさらだ。幕府としては改易と転封を駆使することで大名の力を弱め、権力基盤の強化をはかる必要があった。よって、幕府は改易と転封により大名を戦略的に配置したが、その人事異動にはある法則がみられた。

関東・東海・上方に徳川一門（親藩）の大名や譜代大名をできるだけ配置する一方で、外様大名はそれ以外の地域に追いやっている。江戸と京都を結ぶ線を親藩・譜代で固める一方、外様は東北や遠く中国・四国・九州に配置したのである。

家康は江戸開府以前に、関ヶ原合戦後の戦後処理を通じて大異動を断行したが、それだけでは不十分だった。開府後も転封が繰り返されるが、元和元年（一六一五）に豊臣家が滅びるまでは大坂城包囲網としての性格も併せ持っていた。

すなわち、慶長十一年（一六〇六）以降、徳川一門の大名や譜代大名が次々と上方に送り込まれた。譜代大名の内藤信成が駿府から近江国の長浜に移され、翌十二年（一六〇七）には家康の異父弟松平（久松）定勝が遠江国の掛川から伏見城の城番となる。

この年には、家康の九男義直が甲府から名古屋へ移された。徳川御三家筆頭の尾張藩が誕生するが、名古屋築城に際しては北国や西国の諸大名が工事に動員された。東海道に睨みを利かせるとともに、大坂城攻めに備えた築城でもあった。

十三年（一六〇八）には譜代大名の松平康重が常陸国笠間から丹波国篠山に、十四年（一六〇九）には同じく譜代大名の岡部長盛が下総国山崎から丹波国亀山に国替えとなる。大坂城を取り囲むように譜代大名が配置されたが、幕府による大坂攻めがはじまるのはそれから五年後のことであった。畿内に睨みを利かせる配置でもあった。

豊臣家滅亡後も、幕府は国替えや改易を積極的に行う。西国の「抑えの城」と位置付けられていた播磨国《はりまのくに》の姫路城などは特に国替えの対象になりやすかった。城主の交代が頻繁だったのである。

西国抑えの城・姫路城

日本三大名城の一つに数えられ、現在では世界文化遺産にも登録されている姫路城を築いたのは、家康の娘婿で三河国吉田城主だった池田輝政である。関ヶ原合戦で東軍に属し、戦後の論功行賞では十五万石から五十二万石に加増の上、播磨国姫路に国替えとなった。

その翌年の慶長六年（一六〇一）より、家康の指示のもと輝政は姫路城の改築に着手する。八年もの歳月をかけた工事により、姫路城は大変貌を遂げた。五重七階の大天守と三つの小天守が渡櫓《わたりやぐら》で繋がる連立式天守閣も、この時に造られる。完成したのは十四年のことだが、大坂城の西方に位置する姫路城も大坂包囲網の一翼を担っていたのは容易に想像できるだろう。

豊臣家滅亡後も、山陽道の要衝でもあった姫路城の重要性は変わらなかった。「豊臣家抑えの城」ではなく、「西国抑えの城」としての顔が前面に出てくる。

大坂の陣当時の姫路城主は池田輝政の子利隆だが、家康の後を追うように元和二年（一六一六）六月に死去する。家督を継いで城主となったのは嫡男光政だ。後に名君としてうたわれる池田光政だが、当時はまだ八歳に過ぎなかった。

翌三年六月、二代将軍秀忠は数万を超える軍勢を率いて上洛する。この上洛には家康の陰に隠れがちだった秀忠の威光を上方や西国に誇示したい意図が秘められていたが、池田家の転封断行も重要な目的であった。

上洛した秀忠は、幼少の光政では山陽道の要衝に位置する姫路城は任せられないとの理由で、減封の上、因幡国《いなばのくに》鳥取への転封を命じる。利隆の代に弟忠継に十万石を分知したことから、池田家の石高は四十二万石に減っていたが、この時十万石を削られたため三十二万石での転封だった。

当然ながら、池田家の反発が予想された。そのため、秀忠は数万の軍勢を京都に集めて幕府の軍事力を誇示した上で、鳥取転封を呑ませる。池田家の鳥取転封に伴い、因幡の諸大名も玉突き人事のような格好で国替えとなる。

代わりに姫路城主となったのは、譜代大名で伊勢桑名城主の本多忠政である。忠政の嫡男忠刻に豊臣秀頼の正室だった千姫が嫁いだため、秀忠にとっては娘婿の父を姫路城主に据えた形だ。家康との姻戚関係があったとはいえ、池田家は外様大名である以上、山陽道の要衝には譜代大名もしくは親藩大名を置いた方が安心という判断もあったに違いない。

十五万石を与えられた忠政は姫路城主となると、西の丸や三の丸などを増築して防禦力の強化に努めた。「西国抑えの城」にふさわしい城郭へとさらなる進化を遂げる。

本多家入封《にゅうほう》後、姫路城主（藩主）は十五万石クラスの譜代大名もしくは親藩大名が据えられるのが慣例つまりは法則となる。幕府が頼りにする大名のなかで相応の石高を持つ者が選ばれたのである。

依然として、西国は圧倒的に外様大名で占められていた。豊臣家は滅んだとはいえ、外様大名の動向には細心の注意を払わねばならない。幕府が上方に置いた京都所司代や大坂城代には譜代大名が任命され、西国諸大名の監視を任務としたが、そうした事情は「西国抑えの城」たる姫路城も同じだった。

その後も、姫路藩主の座に幼少の者が就くと、幕府から転封を命じられるのが通例となる。転封先は越後国の村上、陸奥国の白河、上野国の前橋で、入れ替わる形で姫路へ入封するのがお決まりのパターンである。その転封回数は、江戸時代を通じて九回にも及んだ。

十五万石クラスの譜代大名もしくは徳川一門の親藩大名が姫路に移されるのが習いでもあったことから、姫路藩主の資格を持つ大名は自然と固定してくる。実際、本多家、榊原家、松平家など同じ家が二度、三度入封している

しかし、寛延二年（一七四九）に譜代大名の酒井忠恭が姫路に国替えとなった後は、幼少の者が藩主の座に就くことはなかった。そのまま酒井家が姫路藩主として明治を迎える。

転封理由は改易だけでなく懲罰も

池田家の国替えは藩主が幼少であったことが理由だが、改易とセットで国替えとなった事例をみていこう。池田家の鳥取転封から二年後の元和五年（一六一九）のことである。

秀吉子飼いの武将で清洲城主だった有力外様大名の福島正則も、池田輝政と同じく、関ヶ原合戦では東軍に属して勝利に大きく貢献した。戦後の論功行賞では、二十万石から四十九万石に加増の上、安芸国広島に国替えとなる。

しかし、それから約二十年後にあたる元和五年に正則は改易となる。豊臣家滅亡直後に公布された武家諸法度で、諸大名が幕府の許可なく城を普請することは禁じられていたが、その禁令に背いて広島城を普請したことが咎められたのだ。改易に憤激する国元の家臣は籠城戦も辞さない構えだったが、江戸にいた正則は城の明け渡しを指示し、広島城は無血開城される。

福島家改易後は、紀伊国の和歌山城主だった有力外様大名の浅野長晟が広島城に入った。浅野家に代わり和歌山に入ったのは、家康の十男で駿府城主の頼宣。今度は徳川御三家の紀州藩の誕生であった。

次の三代将軍家光の時代にも、改易に伴う国替えが断行される。

寛永九年（一六三二）正月に大御所と呼ばれた前将軍の秀忠が死去すると、家光は肥後国《ひごのくに》熊本城主の加藤忠広を改易に処した。同年六月一日のことである。

父清正は福島正則とともに秀吉子飼いの大名の代表格であり、幕府としては排除したい有力外様大名の一人だった。改易の理由としては、忠広の不穏な動きのほか、江戸で生まれた子を幕府に無断で国元に向かわせたことが挙げられていたが、名実ともに将軍となった家光がその威光を諸大名に示す狙いもあった。

加藤家改易を受け、豊前国《ぶぜんのくに》小倉城主の細川忠利が四十万石から五十四万石に加増の上、熊本への国替えを命じられた。細川家旧領には播磨国明石城主の小笠原忠真が小倉、同・龍野城主小笠原長次が豊前国中津、摂津三田の松平重直が豊前国竜王、忠真の弟忠知が大名に取り立てられて豊後国《ぶんごのくに》杵築に入封した。いずれも譜代大名であり、外様大名が大半の九州でも譜代大名が増える契機となる。

先に取り上げた姫路藩は、幼君が藩主の座に就くと転封を命じられるのが習いだったが、懲罰による転封もあった。

享保十七年（一七三二）に姫路藩主の座に就いた榊原政岑は自由奔放な性格で、三味線や浄瑠璃を好んだ風流な藩主として評判を取った人物だが、やがて酒色に溺れて吉原通いをはじめる。ついには、遊女高尾を身請けして姫路城内に住まわせたため、一連の行状が幕府内で問題視されはじめる。派手な行状が幕府の忌諱《きい》に触れたのだ。

寛保元年（一七四一）、政岑は隠居の上、蟄居を命じられる。嫡男政永が家督を継ぐが、榊原家は越後高田へ転封となる。懲罰としての転封であった。

懲罰の国替えとしては、天保改革の立役者水野忠邦の事例も挙げられる。第V章で述べるとおり、忠邦は改革時の収賄事件の責任を取らされ、減封の上、隠居そして蟄居を命じられる。嫡男忠精が跡を継ぐが、浜松から出羽国《でわのくに》山形へ国替えとなる。榊原家の場合と同じく、懲罰としての転封だった。

権力盤石化で変わる国替えの性格

しかし、四代将軍家綱の時代に入ると、大名の改易件数は減少する。改易は多数の牢人者を生むが、生計の道を突然に断たれた彼らの不満が幕府に向けられるのは避けられず、結果、幕府の転覆をはかる事件まで起きてしまう。由井正雪の乱という名称で知られる慶安の変だ。三代将軍家光が死去した慶安四年（一六五一）のことだった。

これに衝撃を受けた幕府が牢人の発生を極力防ごうと、大名の改易に慎重になることも歴史教科書では定番の記述である。改易が減れば、転封の件数もおのずと減る。

四代家綱の頃になると、幕府の礎も盤石なものとなる。もはや幕府を脅かすほどの勢いは大名側になく、改易や国替えにより大名の力を弱める必要はなくなる。むしろ改易や国替えがもたらす悪影響への懸念が強まる。改易はいうに及ばず、第Ⅳ章でみていくとおり、転封が当事者の大名に多大な財政負担を強いることへの懸念だ。

江戸初期に頻繁にみられた戦略的な国替えもほぼ完了していた。外様大名を数多く改易に処することで、遠隔地の西国にも譜代大名が既に数多く送り込まれたからである。

転封は大名統制策の柱の一つだったが、江戸中期・後期に入ると、江戸初期に比べれば稀になる。七回も国替えを経験した親藩大名の松平直矩のような事例もあるが、あくまでも例外に過ぎなかった。

その結果、姫路のような要衝の地は別として、大名の所領は固定する傾向が顕著となる。転封の対象も親藩・譜代大名、それも数万石から多くても十万石ほどに限られていく。石高が多いほど、社会に与える影響も大きいからだ。外様大名に至っては、事実上、国替えの対象外となる。

親藩大名は将軍にとり一門で、譜代大名は家来筋であるから、遠慮なく転封を命じられたという面もあったはずだ。かたや外様大名は豊臣秀吉の時代は同僚だった大名であり、その分、幕府に遠慮があったのは否めない。譜代大名に転封を命じる場合は、役職就任によるものが大半だった。老中などの幕閣の要職に任命されるのは譜代大名に限られたが、西国など遠国に所領がある場合は関東や中部地方に転封されるのが慣例（法則）となっていたからである。

転封は、必ずしも一対一とは限らない。三大名を一度に転封する「三方領知替」も十回を超えた。四大名が一度に転封する「四方領知替」まであった。

戦略上の理由、幕府の要職就任、そして懲罰などを理由に、幕府は国替えを命じたが、将軍および側近への運動により、肥沃な土地への国替えが実現する場合も少なくなかった。第Ⅵ章で取り上げる川越藩松平家の事例はその典型的なものだが、結局のところ国替えは実現できず、その撤回に追い込まれる。将軍つまりは幕府の威信を大いに傷付けてしまったことは後述するとおりである。

2　幕府要職への昇進コースと涙ぐましい就活

老中・若年寄への就任コース

将軍から幕政を託されたのは、大老や老中をトップとする支配機構（幕府）である。大老は常置の職ではないため、事実上、老中が幕府の頂点に立っていた。当初、年寄と呼ばれた老中（定員は四～五名）は、三万石以上の石高を持つ譜代大名から任命された。

　老中とともに幕政を担当した若年寄は、三万石未満の石高を持つ譜代大名から任命され、同じく定員は四～五名。大まかにいうと、老中（年寄）は朝廷や大名に関する事柄、若年寄は旗本・御家人に関する事柄を担当した。

　大名といっても、幕府の役職に就けるのは原則として譜代大名だけである。外様大名はいうに及ばず、徳川一門の親藩大名でさえ対象外だった。ただし、将軍が幼少の場合などは、例外として徳川御三家が幕政に参与することもみられた。ちなみに、約二百六十家のうち譜代大名は百四十家ほどで、親藩大名は十二家、外様大名は百家ほどだ。

　譜代大名が就ける役職としては大老（一名）、老中、若年寄のほか、京都所司代（一名）、大坂城代（一名）、寺社奉行（四～五名）、奏者番（二十～三十名）があった。大老は譜代大名のうち主に井伊家と酒井家から選任されたが、老中あるいは若年寄ならば、どの譜代大名でも就任可能だった。

　よって、譜代大名は老中や若年寄となって天下の政治を動かすことを目指すが、老中へと昇進するコースは決まっていた。幕府のトップ人事の異動にも法則があり、まずは奏者番を勤めるのが習いである。

年始や五節句など殿中で儀礼が執り行われる際、大名や旗本が将軍に拝謁する際の取次役や進物の披露役を勤めるのが奏者番の主な任務だった。譜代大名のうち若手の優秀な者が選任されたが、頭脳明晰でないと勤まらない役職とされていた。

この奏者番を振り出しに、譜代大名は老中への階段を上る。言い換えると、そこでふるいにかけられる。取次・披露役を勤めさせることで、将軍としてもその能力を見定めることができた。その後、奏者番のなかから兼任の形で幕閣のメンバーである寺社奉行が四〜五名選任される。寺社奉行を勤めた後は、西国大名の監視にあたる大坂城代や朝廷の監視役である京都所司代に異動した。無事勤め上げると、江戸に戻って老中に起用されるのが定番の昇進コースとなっていた。飛び級の形で、寺社奉行から老中に就任する事例もみられた。若年寄を経て老中に昇格する事例もあった。

若年寄の場合は奏者番や寺社奉行から転じるのが通例だ。若年寄を勤め上げると、大坂城代、京都所司代、そして老中に昇格する事例もみられた。石高が三万石に満たなければ、老中格という役職名になる。

なお、老中・若年寄・寺社奉行など幕閣の要職に就任すると、関東や中部に国替えとなるのが慣例だったことは既に述べたが、要職に就くため逆に関東や中部への国替えを望む大名もいた。第Ⅴ章で取り上げる水野忠邦が、その典型的な事例である。

幕府官僚のトップ・町奉行への狭き門

大名の最終目標が老中・若年寄であったのに対し、同じく殿様と呼ばれた旗本の場合は、お白洲で判決を下すイメージが強い町奉行（原則として定員二名）に就任することが究極の望みだった。町奉行所の与力を勤めた佐久間長敬も、明治に入って次のように証言している。

「数万の旗本政事役人に登庸せられ其極点の望みは町奉行なり。学問人才ありと雖も一概にこれに登ること能はず」

しかし、町奉行への就任とは狭き門であり、知識や能力があっても簡単には到達できないポストだった。江戸時代二百六十年余を通じて町奉行になれたのは百人もいない。それだけ、競争倍率も高かった。

旗本の場合、エリート街道を進むための最初の関門は「御番入り《ごばん》」であった。幕府には将軍直属の常備軍ともいうべき五つの番組（大番組・書院番組・小姓番組・新番組・小十人番組）があり、戦時には将軍の本陣を守り、平時は殿中や城門の警備にあたった。この各番組のメンバーである番士に召し出されること（御番入り）が、旗本にとっては出世の第一歩となっていた。

慶応四年（一八六八）の数字によれば、旗本の数は六千人ほど。番士の総数は二千人弱であり、これまた狭き門だ。運よく番士に召し出された後は、その勤務状況などが考課されて次の役職に進むのが人事の常道だった。

役職に就けた旗本の間で垂涎の的になっていたのが目付役である。後述するとおり、目付に選ばれてその仕事ぶりが将軍や幕閣に評価されれば、幕府のエリート官僚となることが約束されたようなものだった。目付は将軍への拝謁資格を持つ旗本に加えて、拝謁資格のない御家人の行状を監察するほか、政務の監察や江戸城中での礼法を指揮する役職であった。

この目付役をこなすと、浦賀、山田、駿府、甲府、奈良、佐渡などの遠国奉行として幕府直轄地に派遣される。将軍の代理人として現地の支配に臨むのだ。奉行所に勤める与力や同心を指揮して民政に携わる一方で、裁判も行うことで行政・司法官僚としてのキャリアを積む。

遠国奉行のなかでも、長崎奉行、京都町奉行、大坂町奉行は別格だった。オランダ人が住む出島を管轄する長崎奉行に抜擢されれば、外務官僚としてのキャリアが積める。あるいは、京都町奉行に進むと朝廷の事情や規則を知り、天下の台所である商都・大坂の町奉行に就任すれば商業や流通の仕組みを勉強することになる。その上で江戸に戻ると、次のような道が開けると佐久間は指摘する。

「御勘定奉行に栄転し、三奉行の列に入て始て政府の参謀となり、御料所在々の公事を捌き、将軍の膝下に在り、信任を受て町奉行の職に進て生涯の望み満足し、これまで経験したる器量を顕し忠勤を尽す老練の役人なり」（以上、佐久間長敬『江戸町奉行事蹟

問答』人物往来社、一九六七年）

江戸に戻って勘定奉行（定員四名）に栄転すると、三奉行（寺社・町・勘定）の列に入り、はじめて政府の参謀つまりは幕閣の一員に加わる。幕府領（御料所）の年貢徴収や公事訴訟を担当する過程で将軍の信任を得て、最終目標である町奉行へ異動すると、これまでのすべての行政経験を活かして忠勤に励む。町奉行とは経験豊かな官僚でなければ勤まらない役職だったからだ。

ここに列挙した役職を全部経験しないと、町奉行に就任できないということではない。目付から一足飛びに町奉行に抜擢された事例もあるが、人事上の慣例では、勘定奉行や京都・大坂町奉行などを勤め上げた旗本が最後に就任する役職として位置付けられていた。幕府官僚のトップ人事の異動にも法則があったのである。

対客登城前という慣習

旗本でもエリートコースを歩む者はごく一部に過ぎず、大半は奉行や目付など花形の役職に就けないまま一生を終える。そもそも、ポストが三千にも満たなかったため、旗本の半分が無職のままだった。

役職に就かずとも、家禄という形で所領や定額の俸禄米は保障されていた。だが、寄合や小普請組に編入された上で禄高に応じた小普請金の上納を義務付けられた。要するに、給与の一部カットであり、当然ながら役職に就くことを強く望む。役職に就けばその手当のほか、功績次第で家禄が増える可能性もあった。加増だ。

そうした就職事情は御家人もまったく同じである。同じく慶応四年の数字によれば、御家人の数は二万六千人にも達したが、ポストの数は一万ほどに過ぎなかった。旗本のように小普請金上納の義務はなかったものの、禄高が少ないこともあり、役職に就いて加増あるいは役職手当が支給されるチャンスを狙った。

いきおい、旗本や御家人の就職運動は熾烈を極める。様々な手を尽くし、老中など幕府の要職者へのアピールを展開していく。その結果、「対客登城前《たいきゃくとじょうまえ》」という慣習が生まれるに至った。

役職の人事権を握っていたのは将軍その人であり、将軍権力の源泉にもなったことはいうまでもない。将軍に拝謁資格のある旗本が対象だが、江戸城中奥の「御座之間」に呼び出し、自ら任命するのが習いであった。「◎◎ニ云付る。示談して念を入て勤い」というのが決まり文句だ。といっても、老中などの幕府要職者の人事はともかく、すべての役職を将軍自身で決められるはずもなかった。

そこで人選に関わったのが、老中と若年寄なのである。その屋敷が門前市をなすのは当然の成り行きだが、それも江戸城登城前の早朝のこと。毎朝午前十時、老中は江戸城に登城したが、その前に屋敷へと参上したのだ。

老中や若年寄の屋敷では、登城前に大名や旗本・御家人が面会できる日が月に数回設定されていた。これを対客（逢対）日というが、参上するのは無役の者だけではない。もっと良い役職に就きたい者も参上した。大名も参上したが、大半は旗本や御家人だった。

屋敷の門が開くのは明六つの鐘が鳴る午前六時頃だが、夜が明ける前から門前は立錐の余地もないほどの武士が詰めかけているのが通例だった。こうして、対客日の老中や若年寄の屋敷には、就職・昇進を熱望する武士が早朝から押しかけるのが江戸城下の日常的な光景となり、対客登城前という慣習も誕生する。同じような光景は「◎◎詣で」と称して、有力政治家の邸宅では今でもみられるだろう。

当日の様子を再現してみよう。

開門すると、待ちかねた武士たちが一斉に門内に入る。用意された帳面に名前を書いて屋敷内の所定の部屋に通され、対面の時を待つ。やがて、登城前の老中の御前に進み出るが、参上する者があまりに多いため、老中側はその顔や名前をとても覚えられなかった。

一方、参上した武士の側は何としても老中の目に留まって就職への手がかりを得たい。だから、対客日にはできるだけ参上して顔と名前を覚えてもらおうと望み、対客日のたびに参上する事例も珍しくなかった。しかし、切なる思いはほとんど届かず、骨折り損に終わるのが常であった。

二十年続けてやっと昇進も

そんな対客日の光景を活写する証言がいくつか残されている。

寛政改革を主導した老中首座松平定信は在職期間中（天明七年〈一七八七〉〜寛政五年〈一七九三〉）、側近の水野為長をして世情の様々な風聞を集めさせ、施政の参考にしていた。この報告書は『よしの冊子《ぞうし》』（『随筆百花苑』所収）と呼ばれ、現在では寛政改革研究の基本史料となっているが、対客日での様子も収められている。定信は幕府のトップであるから、就職・昇進を熱望する者から猛アピールを受ける立場にあった。

寛政元年（一七八九）十月二十五日の午前四時頃、旗本で寄合の松浦市左衛門が「対客登城前」の様子を見物しようと、定信の屋敷前にやってきた。開門から二時間も前のことだった。やがて門前は立錐の余地もないほどの人出となる。午前六時を知らせる鐘を合図に開門されると、待ち人たちはどっと門内へ入っていった。

その様子を実見した松浦は次のように悟る。「人より早く参上したところで、午前六時にならなければ門内には入れない。立身を焦っても、その時が来なければ願いは実現しない。時が来るのを待つしかないのだ」。

次のような哀れな事例も収められている。

将軍の警護役を勤める御徒《おかち》（御家人）の周平という者が徒目付のポストを望み、対客日には定信の屋敷に必ず参上していた。折よくポストに空きが生じたため大いに期待するが、別の者が徒目付の座を射止める。周平は大いに落胆するが、気落ちしたせいか、流行中の風邪に罹り重体に陥ってしまう。まさに踏んだり蹴ったりだったが、その後の顛末は分からない。

周平が住む下谷から定信の屋敷があった江戸城近くの西丸下（現皇居前広場）までは三キロメートルほどあった。暗いなか、寒風を冒して参上したのが仇となったのではと幕臣たちは噂した。

幕末を生きた旗本の大谷木醇堂が明治に入って在りし日の江戸を回顧した『醇堂叢稿』（国立国会図書館蔵）にも、「対客登城前」の事例が紹介されている。

同書には、嘉永五年（一八五二）に西丸御納戸頭へ昇進した旗本金井伊太夫、元治元年に小十人頭へ昇進した余語金八郎の事例が挙げられている。二人は別の職に就いていたが、もっと良いポストを求めて「対客登城前」を続け、そのポストを勝ち取る。確かに成功事例には違いなかったが、実は二十年も続けてようやく得られた成果であったという。

次のような悲哀に満ちた事例もある。旗本の牧野主計と懇意の某が、時の老中の屋敷に何年も参上していたものの、何の職にも就けなかった。参上先は、越後長岡藩主で老中を勤める牧野忠雅の屋敷である。

その苦衷に同情した主計は忠雅と同族であることを利用し、両者の間を取り持とうと考える。自分の屋敷で牧野家祖先の遠忌が執り行われることになり、忠雅も参席することになったからである。これを千載一遇の好機として、宴席の際に両者を取り持ち、何とか某を就職させたい。何年も屋敷に参上して対面を遂げている以上、忠雅はその者の顔も名前も当然知っているはずだ。

いよいよ、当日。主計が某を引き合わせたところ、忠雅は意外な言葉を発した。「初めてお目にかかります」。

自分を知っていると思い込んでいた某は、愕然とする。主計にしても同じだった。某は馬鹿らしくなって、翌日から忠雅の屋敷に参上するのをやめた。

この話を聞いた醇堂は、主計に対して次のように述べている。老中を勤める忠雅ほどの立場になると、たとえ一族の者が取り持っても、簡単には就職や昇進の約束はしないはずだ。あえて知らないふりをした、というのである。

ポストを勝ち取ったマル秘作戦

『よしの冊子』には、就活に勤しむ武士たちの声も収められている。それはアピール対象の老中や若年寄に向けられたものだったが、各屋敷で対応はかなり違っていた。

まず、定信に対する声だが、あまり評判は良くなかった。参上してきた幕臣たちに「寒いね」と声をかけるだけだったからだ。

対照的に、若年寄の京極高久は「寒いが、各々は身体にさわりはないか」と声をかけたことで、その分評判は良かった。若年寄の堀田正敦の場合も小声だが長く話しかけたため、同じく評判は悪くなかった。定信の素っ気なさに比べて、懇ろな対応と受け取られたのである。

堀田などは、彼らが控える部屋に暖を取るための火鉢を置いてくれた。その上には、熱い茶がたくさん入った薬缶が置かれた。湯茶のサービスまでしてくれたのである。茶や火鉢の火も時々取り替える心遣いもあり、堀田の評判はたいへん良かった。

かたや、若年寄の安藤信成の評判は悪かった。控え部屋に火鉢が出されるのは、安藤に面会する運びとなってからで、面会が終わると、すぐに下げてしまった。倹約しているとして評判が悪かったのである。

一方、『醇堂叢稿』には、「対客登城前」という就活が骨折り損に終わるのを見越してか、別の方法で立身出世を実現させた事例が紹介されている。

旗本の最終目標である江戸町奉行にまで出世した根岸鎮衛は、老中の田沼意次の引きで出世への糸口を摑んだ人物だが、面識を得たのは「対客登城前」を続けたからではない。そんな御同輩が大勢いる以上、それでは顔も名前も憶えてはもらえないと考えたのだろう。

まず、泥酔状態で田沼の屋敷に向かい、門番が見ているところで外側にあった溝にわざと落ちた。服が汚れてしまったのを気の毒に思った門番は介抱したが、これが根岸の狙いだった。御礼と称して門番のもとに日参するうちに、門番から根岸のことが用人に伝わると、今度は用人のもとに日参しはじめる。やがて用人から家老へと伝わり、ついには田沼の面識も得る。その後、お気に入りとなって出世の糸口を摑んだのだという。

醇堂によれば、旗本の佐々木顕発もいわば酒の力を借りて勘定奉行にまで出世した人物であった。佐々木が出世できたのは、ペリー来航時の老中として知られる備後福山藩主阿部正弘のお気に入りだったからだが、なぜお気に入りになれたのか。実は阿部の屋敷に参上した時、酔ったふりをして奥方の膝を枕に寝てしまったのである。

本来ならば、とても許されない行為だが、逆に奥方はそんな佐々木を気に入る。夫の阿部に口添えした結果、そのお気に入りになり出世していったという（氏家幹人『旗本御家人――驚きの幕臣社会の真実』洋泉社歴史新書y）。

涙を呑んだ幕臣たちをよそに、独自の就活により見事出世した幕臣もいたのである。

3 目付という人事調査部

投票で選ばれた御目付

旗本の間で垂涎の的の役職だった目付は奉行のような行政職ではなく、幕臣の行状や幕府役人の勤務状況の監察が主たる任務である。だが、綱紀粛正のみならず政務の監察にもあたったため、幕府内部では隠然とした影響力を誇った。そのほか、江戸城中での礼法を指揮し、評定所での吟味に立ち会い、将軍が城外に出る時の行列を監督する役目などもあり、幕府役職のなかでも指折りの激職であった。

定員は十名であったため十人目付とも称されたが、城内の執務室（御目付部屋）には、本番一名と加番二名の目付が昼夜を問わず常駐した。執務室の二階や目付方御用所には部下の徒目付が詰め、目付が上申する意見書の起草などにあたった。

監察職たる目付は、政治職である老中・若年寄に諸事意見を述べることが許されていた。仮に老中に問題がある場合は、将軍その人に言上しても構わない。相手が老中であっても弾劾できたのだ。

目付の正式名称は「御目付」である。「御」には、将軍に代わって幕政や役人の行状に目を光らせるという意味が込められていた。

仕事ぶりが将軍や幕閣に評価されれば、幕府のエリート官僚となることが約束された役目だったが、どのようにして選ばれたのか。意外なことに、目付の間での投票により選ばれたのである。

幕末に目付や町奉行を歴任した山口直毅は、明治に入って目付の選出法について旧事諮問会から質問を受け、次のように答えている。

「目付の中にて転役をいたすとかで空席が出来ますと、同輩の投票にて人選になるのであります。筆頭はなかなか威権のあったもので、同役を呼び寄せまして、さてこのたび御同役が一人空《あ》きましたが、皆さん選挙をして、御存じ寄りの名を書き出して下さいと言いますと、同役が各々選挙する人の名を書いて出すのでありあます。（中略）その中から最多数のものを取上げて、まずそれを申上げて見ようと、筆頭が若年寄の所へ行って、同役が空きましたから、同役一統の評議をいたした所が、この人がよろしいということですから、この者をと推挙しまして、若年寄も賛成いたし、閣老も承知すれば、閣老より上《かみ》へ伺うのでございます」（「目付・町奉行・外国奉行の話」『旧事諮問録』青蛙房。以下同じ）

目付が他職に異動したことで空席ができると、目付筆頭が同役に後任候補を推薦するよう促す。各自が出した候補で投票を行い、最多得票を得た者が後任の目付候補として若年寄に推挙されたのである。若年寄が賛同して老中も承認すれば、将軍の許可を得て任命の運びとなる。

仕事柄、目付は幕府役人の勤務状況を絶えず監察しており、目付にふさわしい人物であるか、その能力はあるのかといった見定めは難しくなかったはずだ。その点、理想的な人事が行われたといえる。

ただし、将軍の側近がその威を借りて後任人事に介入してくる場合もあった。

「ところが若《も》し、奥（大奥に非ず。将軍家の側近、即ち御側御用、御小姓、御小納戸の類）の特選で誰を入れようということがありますと、若年寄が筆頭を呼んで、今度御同役が一人空いたが、それについてこうこういう者を仰せ付けらるる様子だがいかがです、という内談があります」

その場合は若年寄を通じて目付筆頭に打診されるが、目付にふさわしくないと同役一同が判断すると、これこれの風聞があるとして、突っぱねた。しかし、将軍の思し召しと称してゴリ押しされると、さすがに拒否できなかったのである。

徒目付・小人目付という秘密の調査部隊

目付は監察職だが、人事にも深く関与した。諸役人の人事に関わったのは老中と若年寄だが、その指示を受けて密かに候補者を調査し、探索結果を報告していたからである。

旗本や御家人の行状を絶えず監察する仕事柄、人事の参考になる情報はもともと豊富に持っていたが、配下の徒目付や小人《こびと》目付をして、さらなる情報を収集したのだ。学問はできるのか、身持ちはどうか、家のなかは収まっているのかなど、行状を逐一調べ上げ、人事の参考資料として提出した。

徒目付や小人目付はともに御家人で、その数は各五十名ほどだった。徒目付は百俵五人扶持（組頭は二百俵）で、普段は目付指揮のもと城内の宿直、大名登城時の城門前の取り締まり、評定所への出役のほか、幕府役人の執務の調査などにあたった。先に登場した御徒の周平が熱望した役職である。

小人目付は徒目付よりも身分が低く、禄高も十五俵一人扶持に過ぎなかった、徒目付の指示のもと、町奉行所や勘定所、牢屋敷の見廻りといった監察業務の一方、探索にもあたった。町人に変装して探索することまであった。町奉行所に喩えると、目付は奉行、徒目付は与力、小人目付は同心のようなポジションだ。

先に登場した山口直毅は、徒目付とともに内偵にあたった小人目付について次のように証言する。

◎（前略）若年寄が目付古役を呼んで、今度御徒士頭が空いたが、何の誰の平生の行状、ならびに家事の様子を探索して見ろということを言付けます。そうすると目付の支配中にいる探索方に、目付からそれを言付けるのです。

○それは何者ですか、その探索方というのは。

◎それは御小人目付です。御小人目付の中を選んで、御用があるから来いと言ってやり、自邸へ呼んで言付けます。御用多端の時はお城のお座敷にて逢いまして、誰々のことを探索して来いと申しますと、平生心得ておりますから、早速その者の行状を取調べて、書面にして出しますので、その探索書を持って若年寄へ渡します。それについて仔細がなければよろしいが、疑わしい所があると、若年寄が目付を呼んで、この探索書を見ると少し変だから、もう一度探索させろなどということがあります。

そして、小人目付による探索結果を書面にまとめるのが書記官の顔も併せ持つ徒目付だった。徒目付が作成した探索書は目付から若年寄に提出され、人事の参考とされた。

実際に目付の仕事をしていたのは配下の徒目付や小人目付なのであり、いきおい両目付は隠然とした影響力を持つようになる。その探索書次第で、人事が決まってしまうからであった。

御庭番とともに幕政にも目を光らせる

目付は老中・若年寄が主管する人事異動に影響力を持っていたが、そうした事情は政務一般にもあてはまる。各部局から老中・若年寄に提出される願書、伺書、建議書などを検査（検閲）していたからである。

その検印がなければ何事も進まないのが幕政の実態であり、目付が政務にも隠然とした影響力を誇ったのは当然のことだった。そして、目付が検印する際の下調べを担当したのが徒目付である。徒目付の下調べを踏まえて検印した。

特に町奉行や勘定奉行、外国奉行の業務は、目付の厳しい監視下に置かれていた。町奉行所の監察にあたった目付（町方掛りと呼ばれた）の場合は、火付盗賊改も監視対象とした。両職は江戸の治安維持という点で職務が重なっていたからである。

その役目は監察にとどまらず、探索も含んだ。町奉行所や火付盗賊改方の与力・同心の勤務状況や風聞を報告し、その人事にも大きな影響を与える。

町奉行や火付盗賊改でさえ例外ではない。寛政八年（一七九六）に南町奉行の坂部広高が西丸留守居に、火付盗賊改の森山孝盛が西丸持弓頭に左遷されたのは、目付が提出した探索書で弾劾されたからである。坂部は町年寄樽屋与左衛門との癒着、森山は配下の行状が問題とされた（本間修平「寛政改革期における町方取締りと目付の『町方掛り』について」『法学』第四十二巻第三号）。

老中・若年寄支配下の「目付—徒目付—小人目付ライン」とは別に、将軍直属の調査組織もあった。御庭番である。

その起源は八代将軍吉宗が紀州藩主から将軍職に就いた時、二百人以上の紀州藩士が幕臣団に編入されたことにはじまる。そのうちの十七名（家）が御庭番を代々勤める家柄と位置付けられた。後に九家増えて二十六家となる。

普段、御庭番は江戸城大奥内の御広敷に詰めた。唯一、大奥で男性役人が勤務する空間だったが、夜は天守台近くの御庭御番所で宿直に就く。火事などが起きた時は、拍子木を打ち異変を知らせた。

これは表向きの顔で、将軍側近衆のトップである御側御用取次を介して隠密御用も勤めるのが本来の役目だった。老中など幕府役人の風聞に加え、世間の噂をその虚実に拘わらず「風聞書」として報告することが命じられた。将軍についての噂も報告している。

探索御用は江戸にとどまらず、遠国にも及んだ。役人の不正を弾劾し、その処分を上申することさえあった。

将軍は御庭番を使って独自に情報を収集して幕政に反映させたが、その情報には人事にまつわる内容も含まれたため、役人にとっては脅威だった。人事異動の参考にされたからだ。御庭番の情報をもとに、役職を罷免された事例もある。御庭番は目付とともに、将軍の人事権を陰で支える役割を果たしていた（深井雅海『江戸城御庭番―徳川将軍の耳と目』中公新書）。

なお、同じく旗本が任命される大目付（定員四〜五名）は大名の監察や諸藩への法令伝達が主たる役目だが、重大な刑事事件を審理する場合は目付とともに評定所の吟味に立ち会うこともみられた。これを五手掛吟味と称した。ただし、町奉行などの要職を勤めた者が退任後に就く名誉職のような位置付けであり、人事への影響力はなかった。

4　将軍の人事権を操る大奥の実力

政治力の源泉

幕府政治のみならず人事にも隠然とした影響力を誇ったのは、何も目付だけではない。大奥に至っては、人事異動を主管した老中の人事さえ左右する力を持っていた。大奥に楯突けば、老中といえどもその地位を失った。

そんな大奥の政治力の源泉は、何といっても将軍の生活と一体化していることに求められる。大奥とは、将軍が生まれ育てられ、日常生活を送る場所である。息を引き取る場所でもあった。

将軍の一生を独占する家族のような存在であるからこそ、その意向を左右することも可能だった。大奥は将軍を後ろ盾にすることで強大な政治力を発揮していく。将軍の寵を受けた側用人などの側近衆が、老中でさえその威を恐れる政治力を持っていたのも同じ理由だ。

大奥は将軍の御威光を後ろ盾にすることで強大な政治力を発揮し、幕閣や諸大名にも恐れられた存在となるが、その影響力を期待したのが大名や幕臣、そして商人たちだった。大名や幕臣はポストを求め、商人は江戸城御用達の地位などを求めて金品を贈った。将軍への口添えを期待した賄賂に他ならない。こうして、人事と利権での見返りを期待した金品がとめどなく流れ込んでいくことになる。

大奥というと、大勢の奥女中たちが豪華絢爛な生活を送っていたイメージが非常に強い。一説には、大奥の維持経費は年間二十万両にも及んだとされるが、贅沢な生活の資金源はそれだけではなかった。武士や商人が見返りを期待して贈った賄賂も含まれたのである。莫大な金品が豪奢な生活ぶりに拍車を掛けていた。

大奥の容喙を封じ込めた松平定信

しかし、将軍を後ろ盾に向かうところ敵なしの大奥の前に立ち塞がった人物がいる。寛政改革を断行した老中首座松平定信その人だった。

定信が老中首座となったのは天明七年（一七八七）六月のことであり、翌八年（一七八八）三月には将軍補佐役を兼務している。改革政治断行のための権力基盤が強化されたところで、まだ十六歳（数え年）の将軍家斉に対し、将軍として心得るべきことを箇条書きで提示した。同年十月に補佐役の立場から出された訓戒だが、その一つに次のような箇条があった。

「大奥から願い事があっても、それを採用してはいけません」

幕政への容喙《ようかい》を封じたい意図が込められていたが、願い事には人事に関する要望も含まれたのはいうまでもない。

同じ十月、定信は老中として心得るべきことを箇条書きにして同僚に提示したが、そこでも次の箇条があった。

「大奥に取り入って、御年寄からの願い事を取り持ったり、大奥の意向に配慮するのは老中としてあるまじき行為だ」

「御年寄」とは、将軍と一体化していた大奥に君臨する奥女中（定員四〜五名）のこと。御年寄から人事権を持つ将軍に悪評でも吹き込まれれば、たとえ老中でもその地位は安泰ではない。よって、老中側としても御年寄の意向には配慮せざるを得なかったが、定信はそんな忖度《そんたく》行為に釘を刺したのである（安藤優一郎『江戸城・大奥の秘密』文春新書）。

政治や人事に対する大奥の介入を排除しようという強い決意の表れだったが、そんな定信に御年寄が人事の申し入れを行った時のエピソードが残されている。幕臣のAをBという役職に就けてほしい。幕臣のCをDからEという役職へ異動させるよう取り計らってほしいと申し入れてきたのだ。

大奥の容喙を封じたい定信は断固として拒絶する。さようなことは奥女中が嘴を容れるべきことではない。

御年寄も定信の拒絶を見越し、これは将軍のご意向つまり上意であると切り返した。何としても、人事を認めさせようとする。

本当に将軍の意思であったかどうかは分からないが、そのように称することができたのは非常な強みだった。このような強力な申し入れに期待して、大名から商人に至るまで賄賂を包んだわけだ。

ところが、定信は怒気を含んで次のように切り返す。

「上意」とは、将軍が幕府の役人に申し渡す言葉である。将軍が奥女中に仰せになった言葉は「御話」であろうと睨みつけ、申し入れを封殺してしまう。定信の気合勝ちだった。人事に容喙しようとする動きを徹底して封じ込めようという強い意志が伝わってくるエピソードである（山田三川『想古録―近世人物逸話集』平凡社東洋文庫）。

こうして、定信が幕閣の中心となって以来、大奥による容喙が以前ほどではなくなる。その勢いで、大奥の聖域にもメスが入れられる。

当時、幕府財政は逼迫していた。定信が寛政改革を決意した動機にもなったが、その最大のターゲットこそ、年間二十万両といわれた大奥の経費であった。その削減なくして、財政再建など達成できるはずもない。定信は聖域とされた大奥の経費にメスを入れ、三分の一にまで切り詰めることに成功する。

だが、人事などへの発言権を封じ込められた上、経費削減を強制された大奥側は激しく反発する。第Ⅴ章で述べるとおり、定信の失脚そして改革政治が頓挫する遠因となるのであった。

老中をやり込めた大奥の主も

定信が失脚し、やがて改革政治も頓挫すると、将軍家斉は豪勢な生活を送るようになる。その舞台こそ大奥だったが、当然、幕府財政は火の車となっていく。

そんな家斉の長い治世が終わると、老中首座水野忠邦は家斉による豪奢な生活を否定する形で改革政治を断行する。家斉の恩寵を受けていた者たちも次々と罷免された。天保十二年（一八四一）のことである。

天保改革にしても財政再建が大きなテーマで、大奥の経費節減は避けられない情勢だったが、先の寛政改革では大奥の猛反発を買ってしまう。歴代政権担当者がなかなか手を付けられない聖域となっていたわけだが、深刻な財政難に陥った幕府を立て直すには、大奥の経費節減は避けられない。何としても大奥を納得させ、その協力を得なければならない。

一言でいうと、大奥に君臨する御年寄の姉小路の協力が必要だった。意を決した忠邦は姉小路に面会を求める。

忠邦が座った座敷よりも一段高い座に姿を現した姉小路に対し、忠邦は両手を突いて挨拶した。一方、姉小路は両手を突かず、軽く挨拶するだけ。老中と御年寄の力関係がまさに示されていた。

忠邦は姉小路の拒絶に遭うことを予想しながらも、幕府の財政再建には大奥の経費節減が必要と、懸命に説いた。前将軍家斉の側近たちを次々と罷免し、粛正人事を断行した切れ者の忠邦も、大奥の実力者の前では形なしだった。

忠邦の申し入れを聞いた姉小路は、意外にも経費節減に同意する。それまでの贅沢な生活ができなくなる以上、大奥が激しく抵抗するのは必至と予想していた忠邦にとり、拍子抜けするような姉小路の言葉であった。忠邦は安堵したが、続けて、姉小路は次のように尋ねてきた。

「異な事を申すようでございますが、人間には男女というものがございまして、男女の間は男が女を愛するのも、女が男を愛するのも、同様の愛情であろうと考えます。人間としての欲情は平等のものであろうと思いますが、如何でございます」

政治向きのことしか頭になかった忠邦は、姉小路の予想外な言葉に面喰らう。和やかな雰囲気で思惑通り話が進んでいることもあり、ここで姉小路の機嫌を損じてはいけないという気持ちもあっただろう。よって、以下のように答えている。

「如何にも姉小路殿の仰しゃる通りで、男女はどちらがどうという差別はなく、女が男を愛するも、男が女を愛する、どちらも同じでございます」

はたせるかな、そう答えることを予想していた姉小路は、待ってましたとばかり、忠邦を一気に問い詰めた。

「然らば、なお伺いますが、奥に居る数百人の女中は、この人間の情欲を欠いております。女として、男に対する情欲を欠いております。それゆえに、これに代えるには、何か甘い物を食べるとか、美しい物を着るとかいうことがなければ、人間として人間の情欲を制することが出来ませぬ。それがために、おのづと驕奢に流れるのは、止むを得ざる次第かと存じます。承れば、水野殿には御側室が四人とか五人とか、おありなさるそうでございますが、是は如何でございます」

大奥の奥女中たちが贅沢な生活に走るのは、男子禁制だからだ。一方、忠邦は四人も五人も側室がいる。そんな忠邦が男子禁制を強いられている大奥の女性たちに贅沢な生活を取り締まる資格があるのか。

痛いところを突かれた忠邦は無言のまま平伏し、姉小路の前から下がるしかなかった。油断していたところに、一太刀浴びせられたのだ。忠邦の完敗である（氏家幹人『江戸の女の底力──大奥随筆』世界文化社）。

姉小路の絶妙な切り返しに、忠邦はもはや大奥に手を付けることはできなかった。切れ者の忠邦も、姉小路の才気には敵わなかったというエピソードだ。天保の改革政治は約二年半で挫折し、水野も老中の座を追われるが、早々に大奥の改革は挫折していた。

将軍の人事権を裏で操った大奥の政治力を物語るエピソードである。

第　Ⅲ　章

国替えの手続き

〜指令塔となった江戸藩邸

1　突然の国替え内示と江戸藩邸

前章までは国替えを命じる幕府の立場から転封の意図などを明らかにしてきたが、本章では、国替えを命じられた側の視点から考察を加える。どのような過程を経て、新領地へと移動していったのか。

国替え命令は突然、しかも拒否はできない

前章でも述べたとおり、国替えは改易とともに幕府の大名統制策として威力を発揮し、その権力基盤の強化に大きく貢献する。だが、これ以上に大名の力を弱める必要もなくなるほど幕府の礎が盤石なものとなると、かえって国替えの弊害が目立ってくる。これから明らかにするとおり、当事者の大名に甚大な負担を強いたからだ。

よって、江戸中期・後期に入ると、江戸初期に比べて国替えは稀になる。大名の所領は固定する傾向が顕著となり、転封の対象も数万石から十万石程度の親藩・譜代大名に限られる。譜代大名に転封を命じるのは役職就任によるものが多かったが、国替えの理由は何であ

れ、玉突き人事のように、とばっちりを受けて国替えを強いられた大名にしてみれば災難でしかなかった。

国替えの命令は突然にやってくる。

もちろん、例外もあった。幼少の身で姫路など要衝の地の藩主となると、幕府は幼児が城主であるのは軍事上好ましくないとして国替えを命じるのが慣例だったからだ。当の大名側は事前に予測できた。

しかし、国替えの大半は突然の通告である。現代風にいうと、幕府からの国替えの命令は人事異動の内示にあたり、それに異を唱えることは許されない。異動命令に従いたくなければ退職の道を選ぶしかないが、江戸時代の大名の場合は改易の運命が待っていた。御取り潰しだ。大名はその地位を失い、大勢の家臣が路頭に迷うことになる。

幕府にとり、国替えの命令はいわば綸言汗《りんげん》の如しであった。一度出した国替えの命令は取り消せなかったが、第Ⅵ章で取り上げるように、一度だけ取り消したことがある。人事異動の命令を撤回した幕府の威信が大きく失墜するのは避けられなかった。

国替えのとばっちりを受けた譜代大名内藤家

以下、国替えが稀になった江戸中期の事例を通じて、その実態をみていこう。日比佳代子氏（「転封実現過程に関する基礎的考察―延享四年内藤藩の磐城平・延岡引越を素材として―」『明治大学博物館研究報告』十六号）が明らかにした譜代大名内藤家の国替えの事例である。

延享四年（一七四七）三月十八日、陸奥国の磐城平藩内藤家七万石の江戸藩邸に江戸城中の老中から次のような命令が届いた。明日、藩主内藤政樹は登城するように。

一体どういう用件で藩主が登城を命じられたのか、内藤家では皆目見当が付かなかったが、翌十九日に政樹が登城したところ、江戸城の御座の間に導かれる。御座の間とは将軍が大名や旗本に人事を発令する部屋だが、時の九代将軍徳川家重から日向国《ひゅうがのくに》延岡への転封を申し渡される。福島県から宮崎県への異動命令だった。

延岡藩牧野家八万石（藩主牧野貞通）が常陸国笠間、笠間藩井上家六万石（藩主井上正経）が磐城平へという三方領知替に伴う国替えだが、そのうち牧野貞通は京都所司代に在職中であった。老中などの幕閣の要職に任命されると、遠国の大名は関東や中部地方に転封されるのが慣例となっていたが、貞道は遠国に所領があり、京都所司代という老中に一番近い幕府の要職だった。関東転封の条件は満たしていた。

牧野家を関東に異動させるため、井上家を異動させようとしたのがこの時の国替えのはじまりだった。井上家には関東に比較的近い東北の磐城平を与えたが、幕府の命令とはいえ、異動を強いられた不満はあったはずだ。だが、表に出すことは決してできなかったが、内藤家の不満はそれ以上だったのである。

江戸留守居役が司令塔となる

三藩とも突然の国替え通告に衝撃が走るが、唯一、牧野家にとっては歓迎すべき異動だった。江戸に近くなることで参勤交代の費用も大幅に減る。

だが、江戸からはるか遠くに異動させられる内藤家の場合、参勤交代の費用が跳ね上がることは容易に予想できた。これからは陸路だけで済まず、海路も使う必要があった。出費がさらに嵩んでしまう。

幕府の命令である以上、国替えを拒否することは許されない。まずは家中一同が東北から九州への大移動を完了させせなければならなかったが、それは内藤家にとり想像ができないほどの大仕事となる。磐城平から延岡までは千五百キロメートル以上もあり、江戸時代の転封のなかで最大の移動距離を記録するのであった。

内藤家は過去に一度、転封の経験があった。江戸初期の元和八年（一六二二）に上総国の佐倉から磐城平への国替えを命じられた。その時の磐城平の藩主は譜代大名の鳥居家で、山形へ国替えとなっている。

それ以来、内藤家は百二十年以上の長きにわたり磐城平を治めていた。磐城平周辺は譜代大名が割合多く配置されたこともあり、実は転封の多い土地柄だった。

前年の延享三年（一七四六）には、陸奥国の棚倉藩松平家（五万四千石）が上野国館林、館林藩太田家（五万石）が遠江国掛川、掛川藩小笠原家（六万石）が棚倉へという三方領知替、そして陸奥国の泉藩板倉家（一万五千石）と遠江国相良藩本多家（一万五千石）の国替えがあったばかりで、しかも内藤家にとっては、棚倉藩も泉藩も隣藩である。

だが、内藤家では明日は我が身とはまったく思っておらず、国替えの通告はまさしく晴天の霹靂だった。その上、転封先は九州の日向延岡であり、藩内が大騒ぎになったのはいうまでもない。

すぐさま江戸藩邸から国元に急使が立つ。磐城平城に転封の知らせが届いたのは延享四年三月二十一日のことで、翌二十二日に家中と領民にも伝えられたが、この国替えに伴う事務処理は江戸藩邸が司令塔となる。不幸中の幸いというべきか、内藤家はトップたる藩主が江戸在府中であった。在国中ならば、国元の藩主の承諾を得るだけでも時間がかかり、その分事務処理も遅れただろう。

転封であるから自藩だけの問題ではない。井上家に磐城平城と所領を引き渡し、牧野家から延岡城と所領を受け取るための引き継ぎ事務が必要だったが、三藩の代表者が一堂に会することができる江戸で相談できれば、引き継ぎ事務もスムーズに進むはずだ。

藩主が国元にいる場合でも、家老や留守居役が藩を代表して江戸藩邸に常駐するのが常であった。よって、国替えに伴う引き継ぎ事務は江戸藩邸詰の家老や留守居役が担ったが、実務を切り盛りしたのは、藩の外交官として常日頃、幕府や他藩との折衝にあたった江戸留守居役の方なのである。

三月十九日、藩主内藤政樹の急な登城を受けて城門前まで詰めて成り行きを見守っていた江戸留守居役の宇野與太夫は、幕府から国替えの命令を受けたことを知ると、すぐさま行動を開始する。牧野家と井上家の江戸藩邸を訪ね、留守居役に挨拶をしている。牧野家と井上家でも、同じく留守居役がそれぞれ藩邸に出向いている。

翌二十日、宇野は正式に国替え事務の担当（御用懸）を命じられる。以後、城の引き渡しと受け取りが完了する八月まで、膨大な事務処理に忙殺されるのであった。

情報収集に奔走する江戸藩邸

国替えは、当事者の三藩が互いに打ち合わせを済ませれば完了するものではなかった。国替えを命じた幕府との交渉も並行的に進めなければならない。幕府との交渉にあたったのは江戸留守居役だが、宇野與太夫一人で勤めたのではない。保井勘左衛門という同役がいた。

国替えを命じられた翌日にあたる三月二十日、保井は江戸城内の勘定所に呼び出される。勘定所とは幕府の財政を掌る役所で幕府領の支配にあたったが、その幹部職員たる勘定組頭の八木半三郎から磐城平領七万石に関する郷村高帳《ごうそんたかちょう》の提出を命じられる。郷村高帳とは、支配下の村とその石高（村高）を列挙した帳面のこと。所領支配にあたっての基本台帳であった。

転封を命じられた時点で、磐城平領は内藤家のものではなくなり幕府領の扱いとなる。牧野家の延岡領や井上家の笠間領にしても事情は同じである。幕府がいったん取り上げた上で（上知という）、改めて内藤家に延岡領、牧野家に笠間領、井上家には磐城平領を与える形が取られたため、それぞれの所領を把握しておく必要があった。

幕府は将軍の代替りごとに所領の領有を保証する領知朱印状を交付することで、幕府から与えられたものという意識を大名側に植え付けていた。将軍の朱印が捺された朱印状だけでなく、所領内の村の名前が列挙された領知目録も別に交付されたが、その後の異同を確認するため、郷村高帳を提出させたのだ。早速、江戸藩邸では郷村高帳の作成を要請する書状を国元に向けて送っている。

これからみていくように、幕府から提出を求められた帳面類は他にもあった。例えば、磐城平城備え付けの武具や兵糧米の量なども報告する必要があったが、内藤家としては過去の転封が百二十年以上も前のことであり、どうしたら良いのか分からず、途方に暮れる様子が書面からも伝わってくる。そのため、当事者の牧野家や井上家と情報交換をする一方で、転封を経験した他の大名に問い合わせてもいる。

不幸中の幸いというべきか、前年に同じく国替えを経験した藩があったことは既に述べた。磐城平藩の江戸藩邸では勘定所に呼び出された同じ二十日に、前年に三方領知替を命じられた松平・太田・小笠原三家の江戸留守居役に万事問い合わせることを決める。転封に関する様々な情報を収集することで、国替えのスムーズな進行を目指した。

リストラ不可避？

幕府から提出を求められることが想定される帳面の作成準備を水面下で進める一方で、江戸藩邸では移封先の情報を得ようと努める。内藤家にとり、これが最も知りたい情報だったはずだ。城と所領を受け取ることになる牧野家に問い合わせて延岡領の情報を得るが、気持ちは暗くなるばかりであった。

なぜなら、延岡領は磐城平領に比べて年貢があまり徴収できないことを知ったからである。たとえ同じ石高でも、年貢量つまりは年貢率が磐城平時代より低ければ減収とならざるを得ない。年貢率を上げれば農民の反発は必至であるから年貢量は増やせず、減収は避けられなかった。

その上、参勤交代で延岡と江戸を往来する出費はこれまでよりもはるかにかかる。そのほか、もろもろ経費がかかることが予想される以上、財政難に陥るのは必至とみた江戸藩邸では、家臣の数を減らすことを早くも覚悟する。リストラである。

延岡転封により、大坂にも藩邸を置く必要が出てきた。それまでは年貢米を江戸に送って換金していたが、今後は大坂が換金先となる。大坂でも藩邸を確保して藩士を常駐させなければならないが、これもまた出費が増える要因だった。

江戸藩邸は幕府や当事者の藩との打ち合わせを重ねる一方、国替え事務の司令塔として、国元に向け毎日のように書状を送っている。引き継ぎの現場は国元であるから、必要な情報を逐一知らせなければならなかった。書状だけでは意を尽くせず、江戸から使者を送ることもみられた。国元にしても書状だけではよく分からず、直接問い合わせようと藩士を江戸に送っている。

国替えが完了するまで、江戸藩邸は目の回るような多忙な日々を送っていた。

上使決定で受け渡し事務の本格化

国替えを通告した幕府は、転封が忠実に履行されたかどうかを確認するため、上使を現地に派遣した。上使とは将軍の意思（上意）を伝える使者のことで、国替えでは使番と書院番士一名ずつが上使に任命されるのが通例である。現地に赴き、城と所領の引き渡し（受け取り）の監督にあたった。

使番とは、将軍の上使として諸国に派遣された役職だ。目付のような監察職であり、江戸の町で火事が起きた時は火事場の見廻りにもあたった。書院番士は、将軍の身辺を守る軍団の一つである書院番のメンバーだった。

この時の転封を監督する上使が決まったのは四月四日のこと。内藤家の場合でみると、磐城平城に派遣される上使は使番建部傳右衛門と書院番士石巻権右衛門、延岡城に派遣される上使は使番牧野織部と小姓の松平藤九郎。小姓も書院番士と同じく、将軍の身辺を守る旗本が任命された。

上使決定を受け、内藤家では現地で城と所領の引き渡し（受け取り）にあたる家老の名前を報告している。井上家に磐城平城を引き渡すのは家老穂鷹吉兵衛、牧野家から延岡城を受け取るのは家老の内藤治部左衛門の役目であった。

同十一日、留守居役の宇野が磐城平に向かう上使の建部に呼び出されて出頭すると、石巻同席のもと、以下を命じられる。磐城平城備え付けの武具や兵糧米に関する書付、引き渡しに立ち会う全家臣の名前の書付、城の絵図を提出せよ。城引き渡しの候補日（二日ほど）も受け取り側の井上家と相談して報告せよ。

翌十二日には、今度は留守居役の保井が延岡に向かう上使の牧野に呼び出される。延岡城受け取りに立ち会う全家臣の名前のほか、城受け取りの候補日（二日ほど）を引き渡し側の牧野家と相談して報告するよう命じられた。転封対象の井上家と牧野家も上使から同様の指示を受けたことはいうまでもない。

以後、国替えの事務は本格化する。その後も留守居役は上使から呼び出され、様々な指示を受けている。

江戸藩邸が司令塔とはいえ、郷村高帳や城絵図などは国元で作成しなければならず、やり取りだけでかなりの時間を要した。家臣の大半は国元におり、城の引き渡し、受け取りに立ち会う家臣の人選にも時間がかかったのは想像するにたやすい。

よって、上使に城の引き渡し（受け取り）に立ち会う家臣の名前などを報告できたのは二か月後の六月十日のことになってしまうが、城の引き渡し（受け取り）の候補日は早い段階で決まっていた。

城引き渡し・受け取り日の確定

幕府が国替えを命じたからといって、すぐに城や所領の引き渡し（受け取り）が実行されたわけではない。幕府の国替えの命令とは、いわば人事の内示のようなもので、実際に異動発令となるのは城の引き渡し（受け取り）の日である。だが、それまでは三～四か月の月日を要するのが通例だった。

内示の翌日、勘定所に呼び出された留守居役は郷村高帳の提出を命じられ、その作成を要請する書状を国元に送ったが、城引き渡しの見通しについても次のように述べられていた。

近国どうしの国替えで三か月後、遠国どうしの国替えの場合は四か月後に城が引き渡されるのが類例である。この時は遠国の国替えであり、八月になる可能性が高い。

そして、城引き渡し（受け取り）の候補日を二日ほど出すよう上使から命じられると、三家相談の上、八月四日と七日を候補日として報告している。四月二十二日のことである。六月五日、三家は上使から城引き渡し（受け取り）の日は八月七日と申し渡された。同じ日に、磐城平、延岡、笠間で引き継ぎが行われることが決まったのだ。

上使がやってくるとなれば、三家はそれぞれ宿所を用意しなければならなかった。内藤家でいえば、城受け取りにやってくる井上家の家臣たちの宿所も用意する必要があった。それぞれ城下の町屋敷が宿所に充てられることも決まる。

三家は城や所領に関する様々な帳面の提出を上使から求められていたが、江戸藩邸では国元との連絡に手間取った結果、六月に入ってからようやく提出がはじまる。六月五日、上使の建部に磐城平領の郷村高帳、十日には上使の牧野に延岡城受け取りに立ち会う全家臣の名前の書付などを提出したが、すべての提出には六月いっぱいを要した。

書付の提出に際しては、かつて磐城平領の領主だった鳥居家にも問い合わせを行っている。当時、鳥居家は下野国壬生藩三万石の大名であった。三月二十七日、留守居役の保井が壬生藩の江戸藩邸を訪ねて留守居役の瀧山与次右衛門に面会し、磐城平城備え付けの武具について問い合わせている。

このように、江戸藩邸が主導権を握る形で国替えに必要な事務が進められたが、国元でも藩士たちが城受け取りにやってくる上使や井上家の家臣を迎える準備を進めるとともに、延岡に向かう準備を着々と進めていた。

2　藩士たちの引っ越し

中山道経由での大移動

江戸藩邸の視点から国替えに伴う様々な事務処理の様子をみてきたが、転封の現場である国元ではどのような動きがあったのか。以下、時計の針を戻してみる。

幕府から国替えを通告された三月十九日、江戸藩邸から国元に延岡転封を知らせる急飛脚が立てられたが、飛脚が携えた書状には次のような指示が書き込まれていた。

定めし家中は大騒ぎになるであろうから、取り鎮めるように。転封が命じられた以上、磐城平は内藤家の所領ではない。城下の武家屋敷はもとより、屋敷内の竹木、領内の山林竹木も荒らさないようにせよ。領内の寺院に貸し置いていた内藤家所有の仏像は引き揚げよ。遠国への転封であり引っ越しは困難が予想されるため、荷物は分家の内藤政業が藩主を勤める近隣の湯長谷藩に預け、おいおい江戸へ送るように。

国替えを命じられた時点で、磐城平領に限らず大名領は幕府預かりの状態となることを踏まえ、領内を荒らす所行は慎むよう命じたのだが、なかなか守られなかったことは次章で明らかにするとおりである。

その後、引っ越しの荷物については、湯長谷藩に預ける分は四分の一のみとし、延岡まで運ぶのは同じく四分の一とした。残りは江戸へ送ることに決まるが、荷物の総量は四千駄余にも及んだ。

当時、陸路は馬が主たる輸送手段で、馬一頭に載せる荷物を一駄と称したが、荷物の輸送にのべ四千頭の馬が必要な計算だったわけである。その運送費だけで四千両余が必要と見積もられている。

翌二十日には、引っ越しの経路を国元に提案している。磐城平を発ち江戸に着いた後は東海道でなく中山道経由で延岡に向かいたいとしていた。東海道を通行するとなると箱根関所を通過しなければならなかったが、大人数での通行となるため、通過に手間取ることが容易に予想できた。箱根関所はチェックが厳しい関所として知られていた。

中山道にも碓氷関所が設けられていたが、内藤家分家の内藤政苗が藩主を勤める上野国安中藩領の関所であり、諸事都合が良いと判断したのである。同族の誼《よしみ》により、関所をスムーズに通過できるのではと期待したわけだ。ちなみに、箱根関所は幕府から業務委託される形で小田原藩が管理していた。

その後、留守居役の保井は道中奉行から中山道通行の許可を得る。道中奉行とは、諸国の街道や宿場の取り締まりにあたった役職で、大目付と勘定奉行が一名ずつ兼任して職務にあたった。

ただし、道中奉行からは毎日少しずつ中山道を通行するよう申し渡された。参勤交代の時のように、大人数で一斉に通行することは禁じられた。通行する人馬が多いと宿場が迷惑するからである。

各街道の宿場には荷物を運送するための人馬が常備されていた。東海道の各宿場は人足百人と馬百頭、中山道の各宿場は人足五十人と馬五十頭を常備する定めだった。次の宿場まで人足や馬をもって荷物を送り届けると、別の人馬に荷物が積み替えられてその次の宿場へ送るシステムになっており、リレー方式で荷物が継送された。だが、大人数が通行する場合は、さすがに常備の人馬では賄い切れない。

その場合は、「助郷《すけごう》」と称して宿場周辺の農村に人馬を提供させたが、京都から姫君が将軍のもとに輿入れする時や、外交使節の朝鮮通信使が通行する時など特別な場合に限られた。幕末に孝明天皇の妹和宮が十四代将軍徳川家茂のもとに嫁ぐため中山道を通行した時がまさに該当するが、内藤家の引っ越しでは助郷と称して人馬を提供させることはできなかった。

よって、宿場は常備の人馬で対応することになるが、内藤家が大人数で通行しては宿場側が困るとして、毎日少しずつ通行するよう申し渡したのである。これを受け、内藤家では中山道を通行する予定の人数を一日ごと、道中奉行へ届け出ている。

足りなかった引っ越し手当

次章でもみていくとおり、国替えには莫大な費用がかかった。内藤家ではおおよそ二万両と見積もったが、そんな大金を急に用意できるはずもない。出入りの商人たちから借りるか、御用金などの名目で差し出させるしか道はなかった。

国替えの事務に忙殺されるなか、四月十五日に蔵元の兵庫屋治兵衛と兵庫屋弥兵衛、御用商人の柳屋源兵衛を江戸藩邸に招いている。在府中の藩主内藤政樹への御目見得の栄誉に浴させた上で、蔵元二人に七千両ずつ、柳屋には三千両の御用金を命じ、費用の大半を確保した。

蔵元は藩の年貢米の売買を一手に許された御用商人だった。内藤家とは取引関係にある以上、無下には断れなかった。内藤家はそこに目を付けたのである。

二万両と見積もられた国替えの費用で最もかかったのは、四千両余と試算された荷物の輸送費ではない。「引料」と称される藩士への引っ越し手当が費用の大半を占めた。

表1は、この時に支給された引料をまとめたものだが、役職に就いている藩士とそうでない藩士ではかなりの差がつけられていたことが分かる。城下の屋敷数は五百軒余、つまり藩士の数は足軽まで含めて五百人ほどであるから、引料の総額はゆうに一万両を超えたはずだ。

さらに、延岡までの旅費も藩持ちとなっていたが、引っ越しを強いられた藩士からすると、それでも足りないのが実情だった。藩側は引料の不足を理由に金子《きんす》の借用を申し出られ

表1 内藤家家中引料一覧

役職	引料
家老	245両
組頭	184両
年寄・用人	126両
物頭以下普請奉行まで	75両1分
平士（100～300石）	51両1分
知行扶持切米取（100俵取以上）	40両3分
同（50～99俵）	30両2分
同（27～49俵）	21両2分2朱
同（26俵以下）	13両1分

（出所）日比佳代子「転封実現過程に関する基礎的考察―延享四年内藤藩の磐城平・延岡引越を素材として―」『明治大学博物館研究報告』一六号）より筆者作成

るのを防ぐため、申し出てきた場合は召し放つとすでに予告していた。解雇である。藩としては予防線を張ったわけだが、実際のところは引料以外にも金子を貸し与えている。藩も藩士の窮状を放置できなかったのである。

家族の旅費は藩士持ち

旅費は支給されるものの、それは当人だけで、家族の旅費は藩士持ちだった。一家の家財道具の輸送費も藩士持ちであり、結局は家財道具を売り払って引っ越しの費用に充てることになる。延岡では新生活をはじめるための諸費用に加え、藩から与えられた屋敷をリフォームする必要もあり、とても引料だけでは足りなかった。

よって、藩士のなかには延岡への引っ越しを拒否する者も少なくなかった。要するに、江戸藩邸詰を願い出る藩士が多かった。参勤交代制に基づき、すべての藩は江戸に藩邸を持っていたが、ここでいう江戸藩邸詰とは参勤交代で藩主が国元に戻る段になっても帰国せず、そのまま江戸に定住（定府）することであった。

引料の増額が認められなければ引っ越さないと申し立てる者も多かった。引っ越しに必要な金子の借用が認められていなかったため、代わりに引料の増額を求めたのだ。増額が認められなければ、退職を申し出る構えだった。住み慣れた磐城平を離れることへの強い抵抗感とともに、いかに引っ越し費用の負担が重荷になっていたかがよく分かるだろう。

率先して延岡へ引っ越さなければならない立場であるはずの家老の父が、船酔いを理由に江戸藩邸詰を願い出る事例さえあった。内藤家を代表して延岡に向かう予定の家老内藤治部左衛門の父内藤全稀その人だ。船に乗ると、眩暈がして気絶してしまうと申し立てたのである。

藩当局は、それでは藩士への示しがつかないとして却下する。このたびの延岡への引っ越しは戦場に向かうことと同然と心得えよ。討死すれば武士の本望ではないかと叱責し、家老の父の申し立てを退けた。

引っ越しの経費は荷物の運送費や藩士への手当だけではなかった。磐城平城の修繕費も含まれる。破損箇所があれば修繕した上で、新城主の井上家に引き渡すことになっていた。

延岡への旅立ち

幕府から磐城平城の引き渡し日は八月七日と申し渡された内藤家であったが、その前に藩士とその家族は城下を引き払うことが求められていた。日限は引き渡しの十日前。道中奉行からは少しずつ移動するよう要請されており、引き渡し日よりもかなり前から、藩士たちは磐城平を出立している。

六月二十日頃から七月二十日頃にかけて、家族を連れた藩士たちは順次引っ越しを開始した。引き渡しの十日前には城下の武家屋敷はもぬけの殻となるが、引き渡されるまで井上家の家臣たちは屋敷には入れず、十日ほど空き家になってしまう問題があった。内藤家では番人を付けて管理したが、これもまた物入りだった。

引っ越しに先立ち、内藤家では幕府に関所手形の交付を願い出ている。

旅に出る時は、身元証明書ともいうべき往来手形を携帯するのが決まりだった。当時は武士にせよ町人・農民にせよ、いずれかの寺院の檀家（檀那）となることが義務付けられており、檀那寺と呼ばれた寺院が身元を証明する往来手形を発給する仕組みとなっていた。往来手形は道中手形とも称され、幕府や藩の役人の求めに応じて提示されたが、関所を通過する際には幕府発給の関所手形の提示が別に必要であった。

関所手形は領主が幕府に発給を申請する定めであり、内藤家が藩士たちの関所手形を一括して申請したが、この時申請した関所手形の数が女性のみ記録に残されている。藩士の妻・母・娘たちに発給された手形だが、その数は千四十五にも上った。藩士とともに、千人以上もの女性が延岡へと大移動したのである。

磐城平から延岡までの行程だが、江戸までは奥州浜街道に道を取っている。奥州街道（道中）が内陸部を走る街道だったのに対し、浜街道は太平洋岸沿いを通る街道だ。磐城平の城下は、ちょうど浜街道沿いに位置した。

浜街道を南下していくと、奥州街道白河関と並んで関東と奥州の境の関所として知られた勿来関《なこそのせき》が現れる。勿来関を越えて関東に入ると水戸藩領となるが、水戸からは水戸街道を経由して江戸へ向かった。

水戸街道と奥州街道の合流点である千住宿まで出ると、中山道の板橋宿へと道を取り、一路上方へ向かった。京都南郊の伏見経由で大坂に到着した後は、瀬戸内海経由で海路、延岡港へ到着という行程である。

内藤家では延岡までの長道中、藩士たちが問題を起こすことをたいへん懸念した。よって、喧嘩口論はもちろん、押し買いや押し売り行為、遊女遊び、博奕なども厳禁する条目が藩内に提示されたが、これは内藤家オリジナルのものではなかった。正徳二年（一七一二）に牧野家が三河吉田から延岡に転封された際、延岡へ向かう藩士たちに示した条目をもとに加筆したものだった。

引っ越しの道中で気を遣ったのは藩士たちの所行だけではない。武具の運送では、それ以上の神経を遣う。武具には具足や馬具のほか、鉄砲・弓矢・槍などの飛道具も含まれるが、なかでも各関所での飛道具のチェックには厳しいものがあった。

その上、陸路だけではすべての武具類を運送し切れず、海路で延岡まで運ばなければならなかった。海路の場合は江戸湾の玄関口に設けられた浦賀奉行所で検査を受けたが、同所でも飛道具のチェックはたいへん厳しく、内藤家では対応に苦慮している。

3　城の引き渡しと受け取り

引き継ぎの事務のため先乗り

六月二十日頃より、家族を連れた藩士たちの引っ越しがはじまるが、「御先御用」と称して既に延岡へ向かっていた藩士たちもいた。

延岡に先乗りし、城と所領を牧野家から受け取るための準備作業に入る者たちである。これから延岡に続々と到着する藩士とその家族の世話という役目も課せられていた。

内藤家としては、何よりもまず、新たな所領となる延岡領の様子を現地で確認したかった。そのため、年貢徴収担当の藩士たちは城受け取りの三十日前に延岡入りさせ、牧野家との引き継ぎ事務にあたらせた。

引き継ぎ事務が必要なのは所領だけではない。城や城下町にしても事情は同じであり、年貢徴収担当者以外は城受け取りの二十日前に延岡入りさせた。家老の内藤治部左衛門をはじめ、町奉行、郡奉行、普請奉行、船奉行などの面々が延岡入りし、早速、牧野家の家老、町奉行、群奉行、普請奉行、船奉行と引き継ぎ事務に入った。

引き継ぎ事務にあたった両家の家臣とは、八月七日予定の延岡城の引き渡し（受け取り）に立ち会う者たちでもあった。その名前や役職は、江戸留守居役を通じて幕府上使に報告済みだった。

延岡城と所領の受け取りにあたっては、江戸藩邸から留守居代という肩書きの藩士和田平兵衛が派遣された。江戸留守居役の宇野與太夫と保井勘左衛門とともに、国替えの実務を切り盛りした藩士である。

延岡には磐城平から家老の内藤以下が派遣されていたが、国替え事務を指揮する江戸藩邸としては滞りなく国替えを完了させるため、和田を現地に送って万全を期したのである。延岡へ向かう上使とも江戸で打ち合わせを重ねており、上使としても和田が現地にいれば安心だったはずだ。城の受け取りの二十日前にあたる七月十八日に、和田の乗った船が延岡港に入っている。

引き継ぎのため残った藩士は町屋敷に

内藤家は磐城平にも江戸留守居役の宇野を派遣した。延岡城と所領を受け取ることに勝るとも劣らず、磐城平城と所領を井上家に滞りなく引き渡すことも大事であった。引き継ぎで何かトラブルでもあれば、幕府上使が監視役として派遣されている以上、ただでは済まない。

既に家老の穂鷹吉兵衛をはじめ、町奉行、郡奉行、普請奉行などの面々が笠間から到着した井上家の家老たちと引き継ぎ事務に入っていたが、同じく万全を期すため、実務責任者たる留守居役の宇野を現地に送ったのだ。宇野が到着したのは、引き渡し日の十日前の七月二十八日のことである。

宇野が磐城平に着いた頃には藩士たちは屋敷を引き払い済みだったが、空き家となっていたのは屋敷だけではない。城内や城下に設けられた役所もまた同じだ。警備の藩士が城門に詰めるだけであった。

屋敷を引き払った藩士たちの大半は延岡に向かったが、引き継ぎのため磐城平に残った藩士は城下の町屋敷に移る。町人たちが住むエリアである。一方、受け取りのため磐城平に到着した井上家の家臣たちも、城受け取りの八月七日までは町屋敷にいた。笠間から引っ越してきた家臣とその家族も同様だ。

両家の引き継ぎの事務は、城下の寺院で行われた。内藤家は長橋町の性源寺に会所を置いたが、これは藩の役所が使えないため代わりに設けられた仮役所だった。井上家は菩提院町の菩提院に会所を置き、仮役所とした。双方の会所を訪れる形で、引き継ぎの事務は進められる。城の引き渡し（受け取り）当日に備えた打ち合わせも行われた。

延岡城下でも牧野家と内藤家、笠間城下でも井上家と牧野家の間で同じような光景が繰り広げられていた。

幕府代官による所領引き渡しのパフォーマンス

幕府は、転封が忠実に履行されるかを監視するため上使を現地に派遣したが、使番建部傳右衛門と書院番士石巻権右衛門が磐城平に到着したのは八月五日のことである。城引き渡しの二日前にあたるが、幕府が現地に派遣した役人は上使だけではない。幕府領の支配にあたる勘定所からも代官が派遣されている。

年貢の徴収や民政にあたる代官は、五万石ほどの幕府領を支配するのが通例だった。その人数は五十人前後だが、支配地が十万石を超えると郡代と呼ばれる。代官（郡代）の下に手付や手代など三十名ほどの属僚が置かれ、実務にあたった。

転封を命じられた時点で、磐城平領は上知されて幕府領に変更され、内藤家のものではなくなる。その後、改めて井上家に磐城平領を与える手続きが取られるが、ここで登場するのが代官なのである。

七月一日、上知された磐城平領が代官竹垣治部右衛門に預けられる。勘定所に呼び出された宇野與太夫は、その旨を伝えられる。

翌二日にも宇野は勘定所に呼び出されるが、今度は上知された牧野家の旧延岡領が代官岡田庄太夫に預けられたことを伝えられた。その際、同領内の村の名前が列挙された目録などが交付されている。牧野家が勘定所に提出した延岡領の郷村高帳をもとに、幕府が作成した目録だった。内藤家が支配することになる村々である。

この後、岡田が延岡に赴き、牧野家から延岡領支配に必要な諸帳面を受け取る。その後、岡田が内藤家に渡す手はずとなっていた。

内藤家と牧野家の間で延岡領の引き継ぎ事務は処理されていたが、所領の引き渡しは両家の間で完結するのではなく、あくまでも幕府（代官）が介在する形式が取られたことが分かる。国替えを命じたのは幕府であることを強くアピールする狙いが読み取れるだろう。

七月二十八日、岡田の下で手代を勤める熊谷市左衛門が先乗りとして延岡に到着する。早速、牧野家は延岡領支配に必要な帳面類を提出して熊谷の内見を受け、翌日には受納された。

八月二日、岡田が延岡に入った。同五日、岡田の宿舎に出頭した内藤家側は諸帳面を渡される。城の受け取りに先立ち、延岡領を事実上受け取っていたのだ。

幕府代官を介して、延岡領支配に必要な帳面が引き渡された経過を追ったが、実はすべての帳面にあてはまることではない。代官を介さず、牧野家から内藤家に直接渡された帳面もあった。

代官による帳面の引き渡し（受け取り）はパフォーマンスの側面が強かった。そうした事情は、磐城平領の新領主となる井上家に内藤家作成の帳面類を渡した代官竹垣治部右衛門の場合も同じだったのである。

高札で幕府の命であることを告知

幕府が江戸から派遣する上使は、城の引き渡し（受け取り）日の二日前に現地に入ることになっていた。遅くとも八月五日には延岡、磐城平、笠間の各城下に入る予定だったが、延岡城に向かった使番牧野織部と小姓松平藤九郎は船が遅れてしまい、延岡港には三日遅れの到着となる。

幕府も船が遅れることを予想し、延岡派遣の上使には宿所到着の翌日に城内の内見、翌々日に城の引き渡し（受け取り）を行うようあらかじめ指示していた。牧野と松平が宿所に入ったのは十日のことであり、城の引き渡し（受け取り）日は五日遅れの十二日に変更される。

上使の宿所に呼び出された両家の家臣は、次のような内容の覚書を渡される。

「幕府の転封命令が記された高札を大手門前に立てよ。明日、上使が城内を見分する。見分が済んだ後は、両家で相談して城内にあるものについて引き継ぎを済ませよ」

高札は上使が江戸から持参してきたものだが、転封を命じた主体は幕府であることを城下に告知させたのだ。高札が立てられたのは翌十一日のことである。

同日、上使の二人は城内に入って内見を済ませる。その後、内藤家の家臣が城内に入り、牧野家との間で内々の受け取りを済ませた。

その後、代官の岡田の宿所に内藤家が呼び出され、延岡領の郷村高帳を渡される。延岡領の村の名前が列挙された目録は既に江戸で受け取っていたが、今回渡された郷村高帳は村の石高（村高）も列挙された帳面で、所領支配のための基本台帳だった。

この日、岡田は村役人も呼び出していた。領主が牧野家から内藤家に代わることを申し渡したのである。

あっけなく終わった城引き渡し・受け取りの儀式

いよいよ、城受け取り当日の八月十二日である。

延岡城内の鉄砲の間に上使の二人、そして牧野家の家老樋口治部左衛門と内藤家の家老内藤治部左衛門が着座した。上使からの転封命令を受ける形で、樋口と内藤の間で城の引き渡し（受け取り）の挨拶が交わされる。

これで城の引き渡し（受け取り）の儀式は終了である。拍子抜けするほど簡略なものだったが、前日に両家の間で引き継ぎの事務は終わっており、当日はいわばセレモニーに過ぎなかった。

城内備え付けの武具類は弓の間に置かれ、その目録が樋口から内藤に渡された。武具類の引き継ぎも終わる。

城門、城内の番所には牧野家の家臣が配置されていたが、城の引き渡し（受け取り）が終わったことで、代わりに内藤家の家臣が配置される。牧野家の家臣たちは城を去っていった。

その後、上使は城内で内藤家から食事の接待を受けるが、やがて退出する。その際、城の受け取りが完了した旨の老中宛の報告書を上使から受け取り、江戸藩邸に向けて送った。大手門前に立てられた高札は取り外され、上使に返却された。

ここに、国替えは完了する。人事異動でいえば、ようやく異動発令だ。磐城平城や笠間城でも、八月七日に同じような光景が繰り広げられていた。

引き継ぎのため残っていた牧野家の家臣は延岡を退去して江戸あるいは笠間へ旅立つ。代わりに、内藤家の家臣とその家族が城下の武家屋敷に入る。

笠間では井上家の家臣が退去して江戸あるいは磐城平へ向かい、代わりに牧野家の家臣とその家族が城下の武家屋敷に入った。磐城平では内藤家の家臣が江戸あるいは延岡へ向かい、井上家の家臣とその家族が城下の武家屋敷に入った。監察の役目を果たした各上使や代官は江戸へと戻っていく。

約四か月半を要して、三方領知替は無事完了したのである。

表2　延享四年の三方領知替関係年表（譜代大名内藤家の事例）

月日	事項
3/18	磐城平藩主内藤政樹に登城を命じる老中奉書が江戸藩邸に届く
3/19	江戸城御座の間で、将軍家重より延岡への転封が命じられる（磐城平藩内藤家→延岡。延岡藩牧野家→笠間。笠間藩井上家→磐城平の三方領知替） 江戸藩邸から磐城平に急使が立つ

	江戸留守居役宇野與太夫、牧野家と井上家の江戸藩邸へ挨拶に出向く
20	留守居役保井勘左衛門が勘定所に呼び出され、磐城平領の郷村高帳の提出を命じられる
21	磐城平に転封の急報が届く（翌日、領内に触れる）
4/4	磐城平に派遣される幕府上使は使番建部傳右衛門と書院番士石巻権右衛門、延岡に派遣される上使は使番牧野織部と小姓の松平藤九郎に決定
7	上使決定を受け、江戸藩邸は現地で城と所領の引き渡し（受け取り）にあたる家老の名前を幕府に報告する
11	留守居役の宇野が磐城平に向かう上使に呼び出され、城の絵図や城備え付けの武具や兵糧米に関する書付などの提出を命じられる
12	留守居役の保井が延岡に向かう上使に呼び出され、城受け取りの候補日や城受け取りに立ち会う藩士の名前などの報告を命じられる
15	蔵元の兵庫屋治兵衛と兵庫屋弥兵衛、御用商人の柳屋源兵衛を江戸藩邸に招き、御用金を命じる
22	三家相談の上、8月4日と7日を城の引き渡し（受け取り）候補日として上使に報告する
6/2	延岡領受け取りの藩士が磐城平を出立
5	上使から城引き渡し（受け取り）の日は8月7日と申し渡される
	磐城平領の郷村高帳を勘定所に提出
10	城の引き渡し（受け取り）に立ち会う家臣の名前などを上使に報告
20頃	延岡に引っ越す藩士と家族が磐城平を出立（〜7月20日頃）
7/1	上知された磐城平領が代官竹垣治部右衛門に。延岡領が代官岡田庄太夫に預けられる
18	留守居代和田平兵衛が延岡に入る
28	留守居役の宇野が磐城平に入る

	内藤家の家中は城下の屋敷をすべて引き払う
	代官岡田の手代熊谷市左衛門が延岡に到着
29	代官竹垣の手代が磐城平に到着
30	熊谷、牧野家提出の帳面類を受け取る
8/2	竹垣、磐城平に到着。岡田、延岡に到着
5	上使の建部と石巻、磐城平に到着
6	上使、城内を内見。内藤家により転封の高札が立てられる
7	城内に入った上使、磐城平城の引き渡しを内藤家に、受け取りを井上家に命じる。内藤家は上使から引き渡し完了の老中宛の報告書を受け取り、江戸藩邸に送る
8	上使の牧野と松平が延岡港に入る
10	宿所に入った上使、城の引き渡し（受け取り）は12日と申し渡す
11	上使、城内を内見。牧野家により転封の高札が立てられる
12	城内に入った上使、延岡城の引き渡しを牧野家に、受け取りを内藤家に命じる。牧野家は上使から引き渡し完了の老中宛の報告書を受け取り、江戸藩邸に送る

（出所）日比佳代子「転封実現過程に関する基礎的考察―延享四年内藤藩の磐城平・延岡引越を素材として―」『明治大学博物館研究報告』十六号により筆者作成

第 Ⅳ 章

国替えの悲喜劇

～引っ越し費用に苦しむ

1　転封費用の工面に奔走する

参勤交代の経費をはるかに上回る

幕府は諸大名に対し、江戸と国元で一年ずつ生活することを義務付けていた。そのため、大名は江戸と国元を定期的に移動することになる。参勤交代だ。大勢の家臣を連れて移動したため、その費用が大きな負担になったことはよく知られているだろう。

参勤交代の経費は、大名家の歳出の五～一〇％ほどを占めた。単に移動するだけで歳出の一割ほどが自動的に消えてしまう計算であるから、財政難に苦しむ諸大名にとっては悩みの種でしかなかった。

しかし、国替えは全家臣とその家族全員が移動するものであり、その経費は参勤交代とは比べものにならない。参勤交代で移動する藩士の数も多いが、大藩でも数百人のレベルだった。それに引き換え、国替えとなると小藩でもゆうに千人を超えた。家族の数も加わるからである。

これに大名や家臣の家財道具などの荷物の輸送も加わる。輸送費だけでも莫大な額に跳ね上がることは、想像するにたやすい。

移動が近距離ならばともかく、前章でみた内藤家などは磐城平から延岡への遠距離移動であり、その分旅費や輸送費は嵩んだ。石高が十万石に満たない内藤家クラスの小藩ならば、移動距離にもよるが参勤交代の費用は千両ほどのレベルだった。江戸と磐城平の間ならば二泊三日あれば十分であり、遠国の大名に比べれば旅費は安くて済んだ（安藤優一郎『参勤交代の真相』徳間文庫カレッジ）。

しかし、延岡への移動となると一か月近くを要するのは必至だ。内藤家では転封に要する費用をおよそ二万両と見積もり、参勤交代と比較すると十倍以上の出費になる計算だった。そのうち、荷物の輸送費は四千両余と算定されていたことは既に述べたとおりである。

内藤家の延岡転封は減封ではなかったが、減封された上での国替えの事例も少なくない。いわば、給料を減らされた上に、新しい任地への旅費や諸費用の自弁を強いられた格好である。大名をはじめ家臣、その家族が受けるショックは計り知れないものがあった。

こうして、国替えになると藩内は大混乱に陥る。本章では、そんな国替えにより巻き起こるドタバタ劇をみていく。

御用金の取り立てに苦心惨憺

幕府から国替えの通告が下ると、各大名家はその準備に即座に取りかかるが、何よりもまず先立つものを確保しなければならなかった。突然に転封を命じられた藩にとり、最大の難問は費用の捻出だった。

総じて、藩は財政難つまりは借財の返済に苦しんでいた。莫大な臨時出費を賄える余裕などない。よって、降って湧いた災難に対しては出入りの商人や領民から御用金を取り立てるか、借金をするかしか道はなかった。

内藤家では、藩の年貢米の売買を許していた蔵元の兵庫屋治兵衛と兵庫屋弥兵衛、そして御用商人の柳屋源兵衛を江戸藩邸に招いた。在府中の藩主内藤政樹への御目見得の栄誉に浴させた上で、合わせて一万七千両もの御用金を拠出させたことは前章で述べた。

出入りの商人側からすると、転封後も内藤家との取引関係を維持したいところであり、御用金の要請を受諾せざるを得なかった。御用金といっても後に返済される約束だったが、実際に返済されることはあまりなかった。

内藤家は取引関係を利用することで転封費用の工面に成功したが、うまくいく事例ばかりではなかった。

第Ⅵ章では、天保十一年（一八四〇）十一月に発令された三方領知替を取り上げる。川越藩松平家に出羽庄内、庄内藩酒井家に越後長岡、長岡藩牧野家に川越への国替えを命じたが、川越転封となった牧野家（表高七万四千石）もご多分に漏れず、財政難に苦しんでいた。当時、藩主牧野忠雅は京都所司代在職中で長岡城には在城しておらず、国元を預かる家老山本帯刀は一計を案じる。

翌十二月下旬、帯刀は領内の裕福な町人たちを自邸に招き、酒や食事で大いにもてなす。給仕にあたったのは、合戦の折には藩士たちを指揮する部隊長を勤めた番頭たちだった。異様なほどの気の遣いようである。

急に家老の屋敷に呼び出され、番頭格のお歴々が給仕にあたるという「おもてなし」を受けた町人たちは、当然ながら警戒する。裏があるのではないか。

町人相手に「御頼金」「国恩金」

果たせるかな、長岡、新潟の両町、領内七か組の農村に対し、引っ越しの費用として一万四千両の「御頼金《おたのみ》」を依頼する書付がその場で示された。要するに御用金を申し付けられたわけだ。「御頼金」という表現には、何としてでも転封費用を工面したい切なる気持ちが滲み出ている。

長岡藩は長岡の町に加えて新潟湊を直轄地とし、町奉行を置いていた。新潟湊は北前船の寄港地として日本海海運の一大拠点であり、一万軒もの商家や民家が立ち並ぶ北国一の港町として繁栄する。富裕な商人も数多く居住しており、藩はその財力に大いに期待していた。

長岡領三百八十四か村は、上組五十か村・北組五十二か村・西（河西）組五十か村・栃尾組百三か村・河根川組三十五か村・巻組三十九か村・曽根組五十五か村の七か組に編成されていた。各村には庄屋と呼ばれた村役人が置かれ、年貢米納入の責任を負ったが、村の数も多いため藩では各組に割元を置き、庄屋をその組下とする。代官―各組割元―庄屋―農民という支配系統のもと、代官による年貢徴収の便をはかったのである。

しかし、町人にせよ農民にせよ、国替えにより牧野家との縁が切れることになる領民には何のメリットもない御用金だった。請け合うはずもなかったが、牧野家としては何としてでも転封費用を工面しなければならない。手を替え、品を替えて領民たちに御用金を要請する。

その甲斐あってか、翌十二年正月に新潟の当銀屋という商人が持ち船二艘を献上すると新潟町奉行に申し出てきた。それを聞いた長岡の町では、御頼金の代わりだろうという風評がもっぱらだった。長岡藩としても、船よりも現金の方がありがたかったはずだ。

痺れを切らした藩は領内七か組に対して一万両の御頼金を改めて申し渡したが、村側が請けるはずもない。窮した藩は、今度は「国恩金《こくおん》」として七千両の納入を領民に申し渡す。先代の藩主牧野忠精の時に領民に「国恩金」を差し出させた前例に基づく御用金の要請だが、結果は同じだった。町人たちは、藩側の度重なる御用金の要請を冷笑する。虫の良い申し入れだ、というわけである。

長岡藩の焦燥は増すばかりだったが、後述するように、この御用金問題は意外な結末を迎える（剣持利夫「天保十一年『三方領知替』事件」『長岡市史研究』三号）。

年貢米を抵当に豪商から借金

転封に要する費用を工面するため、藩出入りの商人や裕福な領民から御用金の名目で献金させようとした事例を紹介したが、江戸の豪商から借用する事例もあった。その場合、年貢米が抵当となる。

寛保元年（一七四一）十一月、姫路藩榊原家に越後高田、高田藩松平家に陸奥白河、白河藩松平家に姫路への国替えを命じる三方領知替が発令された。時の姫路藩主榊原政岑の行状を幕府が問題視したことが、国替えのきっかけであった。

第Ⅱ章で述べたとおり、享保十七年（一七三二）に藩主の座に就いた政岑は、三味線や浄瑠璃を好んだ風流な藩主だが、やがて奇抜な格好で江戸城大手門を警固するのみならず、酒色に溺れて吉原通いをはじめる。ついには、遊女高尾を身請けして姫路城内に住まわせたため、一連の行状が幕府内で問題視された。

折しも、八代将軍吉宗による享保改革が断行中だった。倹約を旨とする緊縮政策が取られたため世の中は不景気に陥っていたが、これに反発するかのように、徳川御三家の尾張藩主徳川宗春は名古屋城下での遊郭や芸能の営業（興行）を広く許可する。

その結果、城下は大いに繁栄するが、吉宗の忌諱に触れるのは時間の問題だった。元文四年（一七三九）、吉宗は宗春に蟄居を命じる。そんな時流のなか、政岑の派手な行状も吉宗の忌諱に触れた。

寛保元年（一七四一）十月、政岑の行状は吉宗が行う改革政治への反発とみなされ、隠居の上、蟄居を命じられる。嫡男の政永が家督を継ぐが、榊原家は越後高田への転封を命じられる。懲罰としての転封だったが、その結果、玉突き人事のような格好で高田藩主松平定賢が白河に、白河藩主松平義知（明矩）が姫路に転封となった。

白河藩主だった松平明矩は徳川一門の松平家のなかでも、二代将軍秀忠の異母兄結城秀康の子孫である。秀康の死後に松平に改姓したため結城松平家と称されるが、同家は転封の多い大名で、姫路藩主に封じられたのもこの時で三度目であった。

姫路藩は表向き十五万石の収獲があるとされていたが、実際は二十万石余の収獲が期待できる肥沃な土地を有しており、財政難に苦しむ松平家としてはありがたい国替えだった。まさに、棚から牡丹餅の姫路復帰だ。

といっても、白河から姫路に引っ越すための費用にも事欠いており、松平家では借財で賄うことを決める。江戸の豪商で米問屋を営む高間伝兵衛から借用したのである。

松平家は伝兵衛に費用を調達させる見返りとして、姫路移封後の年貢米を一手に扱う蔵元に任命する。これまでは江戸で年貢米を換金していたが、移封後は大坂にも藩邸を置いて同所で換金することになる。

すなわち、姫路から大坂に送った年貢米を伝兵衛をして売却させる。その代金を藩庫に収めさせるとともに、借用した引っ越し費用の元利返済分にも回すことで償却を目指した。年貢米を抵当に入れて引っ越し費用を工面し、その売却金をもって元利返済に充てさせたのである。

江戸の豪商高間伝兵衛からの借財により、松平家の家中は無事姫路に入城できた。約六十年ぶりに姫路に戻ってきた松平家だったが、その期間は短かった。

寛延元年（一七四八）十一月に藩主の明矩が病死したのである。嫡子朝矩が跡を継ぐが、この時十歳足らずだった。翌十二月、幼少の身では西国の要衝姫路は任せられないとの理由で翌春の国替えが予告される。翌二年正月には、転封先が上野国前橋であることが明らかにされた。代わりに、前橋藩主で老中首座を勤める酒井忠恭が姫路に入ることになった。

松平家では前橋への引っ越し費用を一万五千両と見積もるが、依然として財政難だった。再び借財で工面するしかなかったが、後述するとおり思うようにはいかなかったのである。

2 金銭トラブルを引き起こす

御用金の返済を求められる

突然に莫大な臨時出費を強いられる国替えは、当事者の藩にとり晴天の霹靂の出来事だったが、そうした事情は藩や藩士に金を貸していた領民にとっても同様である。国替えを理由に踏み倒される恐れがあったからだ。当然ながら返済を強く求める。

しかし、藩や藩士にしてみると急に返済できるわけもなかった。引っ越し費用にも事欠く状態であり、ない袖は振れない。領民側がそんな藩の態度に反発して一揆や騒動を起こすことは珍しくなかった。

寛保元年に姫路転封となる白河藩松平家は財政難に苦しんでいたが、享保期以来、凶作で領内が疲弊していたことがその大きな理由だった。農民たちの年貢延納の要望を容認せざるを得ず、予定した収入が得られない以上、財政難に陥るのは避けられない。

そうしたなか、藩主松平明矩が将軍名代として京都に向かう話が持ち上がる。松平家にとっては名誉なことだが、臨時出費を余儀なくされた藩当局はその工面に頭を悩ませる。結局、領民に負担を強いることを決め、城下の町人には「才覚金」、農民には「高掛金」の名目で強制的に徴収した。後に返済される話ではあったが、いまだ凶作から立ち直れていない領民にしてみれば窮状に拍車が掛かるだけだった。

負担に耐えかねた農民たちは村を次々と逃げ出す。農民が減れば年貢収入は減少し、藩財政もさらに悪化するという悪循環に陥るなか、寛保元年秋に幕府から白河藩へ姫路転封が突如命じられる。

松平家にとっては思いがけない朗報であり、財政難を克服できるチャンスとみる。だが、転封費用に事欠いていたため、年貢米を抵当に入れる形で江戸の豪商高間伝兵衛から費用を借りたわけだが、実はそれだけでは賄えなかった。藩の荷物を姫路まで運ぶ費用がなく、またしても領民に負担を強いる。

荷物を運ぶ人足役を領内の農民に賦課したのだ。姫路までただで荷物を届けさせた後は、白河に帰国させることになるが、その旅費も自己負担とした。ただ働きさせた上、帰国の旅費は自弁を命じたのである。

ここに至り、領内は不穏な情勢に陥る。

領主と領民の関係ではなくなる以上、これ以上の負担はご免被りたいというわけだ。そもそも、様々な名目でこれまで藩に納めてきた御用金が返済されていないことに不満が噴出する。御用金にしても先の才覚金（高掛金）と同じく、後に返済される約束で納めたものだった。

百姓一揆も勃発

庄屋たちが中心となって、その返済を求める訴えを起こすと、領内は一気に騒ぎ立つ。ついに農民たちは一揆を起こした。

松平家が姫路への国替え準備を進めている最中の翌二年（一七四二）正月二十六日に、白河城下に一揆勢が大挙して押し寄せてきた。翌二十七日には、藩の威光を笠に着て御用金を取り立ててきた町人たちの居宅が打ち壊される。これにより、藩も一部返済に応じざるを得なくなった。

これ以上の騒ぎに発展して万一幕府の知るところになれば、領内統治の責任を問われる恐れがあった。姫路転封が中止となり、懲罰として減封の上、別の場所に国替えとなるかもしれない。領民に賦課した人足役も撤回に追い込まれたことは想像するにたやすい。

姫路への引っ越しを前に、あたかも立つ鳥跡を濁す一揆が白河城下で起きてしまったが、姫路に国替えとなれば松平家の財政難は克服できるはずであった。しかし、その目論見は外れる。

引っ越し先で何かと物入りだったことに加え、領内が毎年のように台風の被害を受けたのである。寛保三年（一七四三）、延享元年（一七四四）、同三年、寛延元年（一七四八）と台風に見舞われ、延享元年などは年貢を賦課できなくなった土地が五万石を超える。藩財政の悪化は必至だった。

そのため、蔵元の高間伝兵衛は窮地に陥る。大坂に送られる年貢米の量が想定よりもかなり少なく、換金分が姫路藩に対する貸金の元利返済にまで回せなくなる。予想外の事態に直面した伝兵衛は姫路藩とトラブルになり、延享元年に蔵元を罷免される。だが、伝兵衛から借りた引っ越し費用の返済はまだまだ残っており、姫路藩にとり重い負担となっていく。

姫路藩は大坂の豪商からの借財で財政難を凌ぐとともに引っ越し費用の返済に充てたが、領民には御用金を賦課しはじめる。寛保二年を皮切りに、延享二年、寛延元年と続けざまに御用金を賦課したため、領民の不満は高まるが、特に寛延元年は台風にも見舞われ、領内の農地は大きな被害を受けた年だった。年貢を賦課できなかった土地も四万石近くに達した。

田畑が台風の被害を受けた農民たちは年貢の減免を嘆願するが、財政難に苦しむ藩当局は頑として認めなかった。そんな折、藩内に激震が走る。

前節でも述べたとおり、十一月十七日に明矩が病死したのだ。十歳にも満たない嫡子朝矩が跡を継ぐが、幼少の身では西国の要衝姫路は任せられないとして、翌十二月二十七日には翌春の国替えを予告される。翌二年正月十五日、前橋への転封が通告された。

松平家は前橋への引っ越しに取りかかるが、寛延元年分の年貢は皆納するよう農民たちに厳しく申し渡した。寛延元年中に前橋転封が申し渡されたならば、松平家はその年の年貢を姫路に置いたままで前橋に引っ越さなければならなかったが、二年に入ってから転封が申し渡されたため、元年の年貢は松平家の取り分となる決まりだった。

再び農民たちの不満が爆発

よって、松平家は年貢減免など認めない姿勢を固守し、皆納するよう厳しく督促し続けた。財政難である上に、引っ越しの費用も工面しなければならなかったため、年貢徴収の手を緩めるわけにはいかなかったのだったが、これをきっかけに農民たちの不満が爆発して一揆に発展する。

寛延元年十二月二十一日に、播磨国飾東郡山脇村の市川河原に農民たちが大挙し、集結する。驚いた藩側は年貢延納願を受け入れて事態の鎮静化をはかるが、藩に対する不満が鬱積していた農民たちの怒りは収まらなかった。

翌年正月十六日からは藩と癒着しているとみなした庄屋や商人の居宅を次々と打ち壊していく。この騒ぎが江戸にまで聞こえた結果、橋本助左衛門という商人から引っ越し費用として一万五千両を借用する話は流れた。

さらに、藩に御用金を用立ててきた領民たちが城下に押しかけ、藩当局に返済を求める。返済しないまま前橋に引っ越されては踏み倒されてしまうからだ。だが、埒が明かなかったため領民たちは態度を硬化させる。返済がなければ、松平家が前橋に引っ越す際に荷物を差し押さえると申し立てたという（『姫路市史』第三巻）。

国替えでは、藩がそれまでの貸借関係を一方的に破棄する動きが少なくない。それは藩士の場合も同じだった。天保十一年に川越転封を命じられた長岡藩などは、藩士が領民から借用している金や米は返したくても思うに任せないと泣き落としに出るが、貸主側としてみれば冗談ではなかった。

また、領民が国替えに反対する嘆願運動を起こす時があった。立派なお殿様であるから、これからも藩主でいてほしいというお願いだ。お慕い願いと称されたが、領民側としては国替えを理由に藩や藩士に借財を踏み倒されることへの危機感も秘められた運動であった。

未納年貢問題で犬猿の仲になった黒田家と細川家

第Ⅰ章では、関ヶ原合戦の遠因となった上杉家の国替えに伴うトラブルを取り上げた。慶長三年に上杉景勝が秀吉から会津への国替えを命じられた際、旧領の越後で徴収済みだった前年の年貢を会津にすべて運び込んだことが事の発端である。大勢の領民も上杉家の御供をする形で農地を放棄して会津へ向かったため、越後の新領主堀秀治は窮してしまう。上杉家に遺恨を抱いた堀家は家康に景勝の不穏な動きを告発し、関ヶ原合戦に帰結する流れが生まれるに至る。

関ヶ原合戦後にも年貢取り立てをめぐるトラブルが起きている。家康の勝利に大きく貢献した黒田長政は豊前国中津十二万石から筑前一国五十二万石に封ぜられ、新たな居城として福岡城を築城した。ここに福岡藩黒田家の歴史がはじまるが、国替えの際、旧領豊前でその年の年貢をすべて徴収し、福岡へと向かう。

同じく東軍に属して軍功を挙げた細川忠興は、丹後国宮津十二万石から豊前中津三十三万石に封ぜられた。黒田家の旧領に入った形だが、その年の年貢米がすべて持ち去られていたため窮してしまう。

細川家は黒田家に年貢米の返還を求めたものの、拒絶に遭う。この問題はこじれ、両家は一触即発の状態に陥った。年貢返還問題は仲介者を立てることで収拾できたものの、この一件を機に両家は犬猿の仲となる。両家のお殿様は江戸城内ですれ違っても、会釈をしないほどだったという。

その後、忠興の息子忠利の代に肥後熊本五十四万石に封ぜられて熊本藩細川家の歴史がはじまるが、黒田家との険悪な関係はなお続いた。細川家は参勤交代に際して福岡藩領を避けて江戸に向かい、あるいは国元に帰国するようになる。

両家が和睦したのは、関ヶ原合戦から百年以上も経過した元文元年（一七三六）のことである。以後、細川家の参勤交代の行列は黒田家の領内を通過するようになった。

幕府は国替えの際、その年の年貢は徴収済みでも新領主に渡すよう命じたが、こうしたトラブルが背景にあったのは間違いない。

未納分の取り立ては諦めるしかなかった

では、前年の年貢で未納分はどういう扱いだったのか。

享保二年（一七一七）二月、上野国高崎藩主の間部詮房は越後国村上に転封となる。詮房は六代将軍徳川家宣の側用人として、新井白石とともに権勢を振るった人物だが、八代将軍吉宗の時代に入ると幕政から遠ざけられ、越後へ国替えとなる。高崎には村上藩主松平輝貞が入封するが、旧領高崎の年貢未納分の取り立てに苦慮した間部家に残された史料からは、以下のことが判明する（東谷智「大名転封時における領主と領民―越前国鯖江藩間部氏の転封を素材として」『甲南大学紀要』文学編一五九号）。

一言でいうと、取り立てには新領主の了解（協力）が不可欠だった。旧領に押しかけ、強制的に取り立てるわけにはいかなかった。未納年貢の処理法としては、該当の農民の田地を取り上げる方法もあったが、もはや領主ではない以上、そんな強制執行などできるはずもない。

よって、新領主に未納分の取り立てを代行してもらうか、農民を自領に連れていって武家奉公人として働かせ、その給金をもって未納分を金納させるしかなかった。いずれにせよ、新領主の了解がなければ実現不可能な方法だった。了解が得られなければ、未納分の取り立ては諦めるよりほかなかったのである。

3　城下町は大騒ぎ

家財道具の投げ売り

幕府から国替えを命じられた時点で、該当の大名領は上知されて幕府領の扱いとなる。幕府が現地に派遣した上使立ち会いのもと新領地が与えられることで転封が完了するが、移行期間は三〜四か月かかるのが通例である。

前章では延享四年の三方領知替を取り上げたが、磐城平藩内藤家は国替えを通告された日、江戸藩邸から国元に向けて次のような指示を下した。「転封が命じられた以上、磐城平は内藤家の所領ではない。城下の武家屋敷はもとより、屋敷内の竹木、領内の山林竹木も荒らさないようにせよ」

内藤家としては、今まで住んでいた屋敷を荒らすことなく磐城平に移ってくる井上家に引き渡さなければならなかった。そもそも、藩士たちが住む屋敷は藩から下賜されたものであり、いわば社宅だった。

見苦しい箇所があれば、自主的に修繕して藩に返納するのが礼儀といえるが、実際のところはどうだったのか。内藤家に残された史料は何も教えてくれないが、城下や領内を荒らす所行は厳に慎むようあえて命じていることから、藩の指示はなかなか遵守されなかったことが窺える。

天保十一年の三方領知替では、酒井家家臣が庄内から長岡に引っ越してくることになったが、牧野家家臣の屋敷では次のような光景が繰り広げられていた。

丹精して育てた樹木を入居してくる酒井家の家臣に渡すのは忍び難いとして、伐採する事例が多発する。沢庵漬け用で干しておいた大根も、当座の野菜として食べてしまう事例もみられた。

牧野家では事態を憂慮し、国替えを命じられたからには屋敷は牧野家のものではなく幕府からの預かりものである。勝手に処分してはならないと家中を訓戒するが、住んでいた屋敷に手を付ける事例は絶えなかった。このような事例は長岡城下だけではなく、庄内城下や川越城下でもみられたことは容易に想像できる。

国替えの司令塔となっていた三家の江戸藩邸では協議し、そのまま引き渡すものとして家居・建具・雨戸・畳・竈・井戸（釣瓶《つるべ》付き）・土蔵・物置・梯子・樹木・庭木・石などを挙げ、見苦しければ手入れした上で引き渡すことを互いに申し合わせた。

つまりは、ここに列挙した家財道具などを取り外す行為がみられたのだ。ただし、大破していたり見苦しい状態になっていたりした建物や枯れ木については、見分を受けた上ならば取り片づけてもよいとした。立つ鳥跡を濁さずに反するような所行は、引っ越してくる他家はもとより、幕府から咎められかねないという危惧が三家による申し合わせの動機だった。

ただし、それ以外の家財道具を売り払うのは自由だった。引っ越しの荷物を少しでも減らしたい家臣としては、売り払って引っ越し費用に充てたいところである。

利にさとい長岡城下の商人はこれに目を付け、藩士たちの屋敷を回って安く買い叩いた。その蔵は古道具でいっぱいになるが、その話が広まると近郷近在の町人や農民が掘り出し物を求めて長岡に集まってきたため、城下はごった返したという（『長岡市史』通史編上巻）。

こうした光景は何も長岡藩に限ることではない。国替えとなったすべての藩の城下でみられたのである。

転封先の城と武家屋敷の修繕を強いられる

上使立ち会いのもと、城や城下町そして関係書類の引き渡し（受け取り）が完了すると、新たな領主は城に、家臣やその家族は城下の屋敷へと入っていくが、旧領主の尻拭いを余儀なくされることも稀ではなかった。

寛保元年秋に姫路への国替えを命じられた松平家による尻拭いの事例をみてみよう。

寛保二年三月、上使立ち会いのもとに松平家の姫路転封は完了するが、国替えが通告された時、藩主松平明矩は江戸在府中だった。明矩が帰国の途に就いたのは五月十二日のことである。同二十八日に加古川宿へ到着し、姫路城下からやってきた家臣たちの出迎えを受ける。

六月一日、出迎えの家臣を行列に加える格好で、明矩は姫路に入った。はじめてのお国入りだった。城下町で大年寄を勤める国府寺次郎左衛門の屋敷で衣裳を整えた後、姫路入城を華々しく果たす。

ところが、明矩が入った姫路城は修繕が必要だった。破損箇所があれば修繕した上で新領主に引き渡すことになっていたが、旧領主の榊原家は修繕を怠っていたのである。

武家諸法度に明記されているように、城に手を加えるとなると幕府の許可が必要だ。既に榊原家では幕府の許可も得ていたが、修繕を怠っているうちに国替えを命じられ、そのまま何もせず姫路を去ってしまったわけだ。

やむなく、松平家は改めて幕府の許可を得た上で、翌三年から修繕に取りかかる。大天守を補強し、諸門を修繕した。石垣も十五か所修築し、堀を浚渫したが、転封早々、莫大な出費を強いられてしまう。

修繕が必要だったのは城だけではない。旧領主の榊原家が明け渡した武家屋敷も同様だった。建具や畳が不足し、住めるようにするための作事にかなりの費用がかかった。

本来ならば、榊原家の方で見苦しくないよう対応しておかなければならなかったが、その点も怠っていたのである。屋敷を立ち退く際、榊原家の家臣たちが売り払ってしまったのかもしれない。特に足軽が住む長屋の破損はひどく、足軽一人に金一両ずつ支給して住めるようにしている。

国替えが完了しても、転封先ではもろもろの出費が避けられなかったのである。

第　V　章

人事異動の悲喜劇

～嫉妬と誤算

歴史教科書でお馴染みの著名人も、人事異動には大いに翻弄された。江戸幕府の歴史でも、人事権を持つ任命権者の将軍は別として、老中を筆頭に幕府役人が人事異動に一喜一憂する場面は多々みられたが、その裏では嫉妬と誤算が渦巻いていた。

本章では、松平定信、水野忠邦、大岡忠相、長谷川平蔵が味わった人事異動の悲哀を紹介する。

1　辞職願を出し続けた老中松平定信の誤算

御三家・御三卿の幕政参与

寛政改革を主導した松平定信は、宝暦八年（一七五八）に、八代将軍吉宗が創設した徳川御三卿の田安徳川家に生まれた。父宗武は吉宗の次男にあたるため、定信は吉宗の孫でもあった。

安永三年（一七七四）三月、定信は白河藩主松平定邦の養子となるが、同年八月に実家田安家を継いでいた長兄の治察が死去する。治察には跡継ぎがおらず、相続者が絶えた田安家では定信を戻そうとするが、その願いは幕府に認められなかった。以後十年以上、田安家は当主不在の状態が続く。

それから約五年後の八年、十代将軍家治の嫡男家基が急逝する。跡継ぎを失った家治は、御三卿の一橋徳川家から養子を迎えることを決める。白羽の矢が立ったのは当主一橋治済の長男豊千代（後の家斉）。継嗣選定にあたっては、家治の信任が厚かった老中田沼意次が奔走したという。天明元年（一七八一）に豊千代は江戸城西丸御殿に入り、将軍継嗣となった。

一方、三年に松平家の家督を継いだ定信は白河藩主の座に就く。二十六歳の時である。折しも、関東や東北を襲った大飢饉により米価は高騰した。各地で餓死者が続出するが、定信が藩主を勤める白河藩では餓死者を一人も出さなかったため、定信は名君としての評判を取る。

六年八月二十五日、家治は病没する。喪を発したのは九月八日だが、その裏で幕府は大きく揺れ動いていた。

同二十七日、家治の死により政治的立場が弱くなった田沼は、その批判勢力により老中辞任に追い込まれる。続けて九月六日には、大老井伊直幸が家治の遺言を御三家・御三卿に伝える。

「世継ぎの家斉が若年であるため、バックアップするように」

本来、御三家など親藩大名は幕政に関与できなかったが、家斉がまだ十四歳であることを理由として、幕政に関わることになった。田安家は当主不在であり、尾張藩主徳川宗睦、紀州藩主徳川治貞、水戸藩主徳川治保、一橋治済、御三卿の清水家当主重好の五名が幕政参与を命じられたが、家治の弟にあたる重好は病身のため事実上参加できなかった。

よって、御三家と次期将軍実父の治済の計四名が、家治の遺言に基づき、譜代大名による幕政に参与する。政治顧問のようなポジションだった。

御三家は田沼主導の施政に強い不満を抱いていた。十月五日には老中辞職にとどまらず、他家へのお預けまで求める。さらに、人事の刷新を求めて老中首座松平康福の罷免を申し入れるが、いまだ田沼の影響力が強い幕閣の拒絶に遭う。

一方、御三家とともに幕政への発言権を得ていた治済は、従兄弟にあたる定信を老中として幕閣に送り込もうとしていた。定信が養子に入った白河藩松平家は譜代大名であり、老中就任の資格はあったが、定信自身はそれまで何の役職にも就いたことがなかった。

いきなり老中に起用される事例は稀であり、これ以前では寛延二年（一七四九）に庄内藩主酒井忠寄が老中に就任した事例ぐらいだ。奏者番、寺社奉行、大坂城代、京都所司代などを歴任して老中となるのが人事の慣例だった。

しかし、治済は御三家を引き込むことで定信の幕閣入りを目指す。

将軍への嘘

天明六年十二月十五日、御三家は幕閣に対して定信を老中に推挙するが、翌七年二月二十八日にこの人事案も拒絶されてしまう。駄目を押すかのように、三月七日に備後福山藩主で寺社奉行を勤める阿部正倫が老中に昇進し、定信擁立運動は頓挫する。

御三家や治済の不満は募るが、裏舞台を覗くと、家斉は老中に起用してもよい考えだったという。ところが、田沼派の老中に加え、将軍側近や大奥が強硬に反対したのである。

第Ⅱ章では、大奥に君臨する御年寄が人事異動を主管した老中の人事さえ左右する力を持っていたことを述べたが、将軍の御威光を後ろ盾にしたのは大奥だけではない。側近衆を束ねる御側御用取次も同じだった。なかでも田沼に近い横田準松が権勢を振るい、この横田が定信擁立派の前に立ち塞がったのだ。

御側御用取次は大名ではなかったが、将軍への取次役だけでなく政務や人事の相談役としての役割も果たしたため、老中までもがその威を恐れる存在だった。定信擁立運動の頓挫からは、大奥や御側御用取次が反対すれば、人事権を持つ将軍もその考えを尊重しなければならなかったことが分かる。

この擁立運動の黒幕は家斉実父の治済だったが、その立場を活かすことは難しかった。幕閣や大奥内では、治済が実父であることを理由に人事など幕政に容喙してくるのを嫌っていたからだ。治済もそうした機微はよく分かっており、御三家をして定信の老中起用を申し入れたのである。

擁立運動は暗礁に乗り上げたが、五月に入ると政局が急展開する。意外にも、江戸の米価が異常に高騰したことがきっかけだった。

前年以来の不作や関東を襲った風水害のため米価は上昇を続けていたが、米穀問屋が利益を求めて買い占めや売り惜しみ行為に及んだことで米価高騰に拍車が掛かる。小売米を販売する町の米屋の多くは、品不足により休業に追い込まれた。

こうした米穀問屋の不法行為に怒った江戸庶民は、五月二十日から二十四日にかけ、集団で押しかけて問屋の蔵などを打ち壊す。これを、俗に「天明の打ちこわし」という。町奉行所の力では抑止できない事態となり、江戸は一種の無政府状態に陥った。

幕府の必死の対応もあって事態は鎮静化するが、この事件は定信擁立運動を好転させる決め手となる。江戸の騒然とした状況を聞いた家斉が御側御用取次の横田に問い質したところ、市中は平穏という言葉が返ってきた。

ところが、将軍直属の御庭番を通じて、嘘がばれてしまう。真実を伝えなかった横田は家斉の逆鱗に触れ、二十九日に免職となる。横田の罷免とは、定信擁立の最大の障害が取り除かれたことを意味していた。

これを好機と捉えた定信擁立派は、治済と通じていた別の御側御用取次小笠原信喜を動かし、大奥や幕閣の反対を抑え込む。定信の老中起用について、家斉の承認を得ることに成功した。

六月十九日、定信は老中に起用され、その首座となる。七月六日には勝手掛も担当し、幕府の財政を握った。以後、寛政改革と呼ばれる改革政治を断行していくが、その道は平坦ではなかったのである。

脆弱な権力基盤

御三家と一橋治済のバックアップにより老中の座に就いた定信だが、その立場は脆弱だった。老中の序列で筆頭になったとはいえ新任であり、先役の老中たちからは冷ややかな目でみられていた。定信のお手並み拝見というスタンスであった。

先役の老中は松平康福、鳥居忠意、牧野貞長、水野忠友、阿部正倫の五名だが、三十歳になったばかりの定信よりもかなり年上であり、やりにくかったはずだ。いくつもの役職を経験した上で老中に昇格した松平たち五名としても、いきなり序列で先を越されて面白くなかっただろう。

よって、定信は幕閣を改革の同志たちで固めることに専心する。同役である老中人事にはすぐ手を付けられなかったが、六月二十六日に加納久周を御側御用取次上座として将軍側近衆を束ねさせた。七月六日には、陸奥泉藩主の本多忠籌を若年寄に起用した。

一方、九月十一日には田沼派の大老井伊直幸を辞任に追い込む。十月三日には田沼に隠居・蟄居を命じ、さらに藩主を勤めていた遠江国相良藩を廃した上で、孫の意明に陸奥国下村の一万石を与えた。三万七千石からの減封であり、懲罰としての転封に他ならない。老中を辞任したとはいえ、幕府内に隠然たる影響力を持っていた田沼にとどめを刺したのである。

一連の人事は将軍家斉が命じたものだが、御側御用取次上座に自派の加納が任命されたことは、定信にとり実に大きな意味があった。加納をして人事案を直接将軍に提案できたことで、その承認を得るのが容易になったからだ。その人事案とは、定信の後見人ともいうべき御三家と治済の同意も得たものである。

しかし、老中首座という地位だけでは幕政をリードすることは難しかった。改革を断行できない。今の立場のままであると、同役の老中の同意をいちいち取り付けなければならない。老中よりも一段高い立場から、幕政を主導することを強く望む。

辞職願の狙い

老中よりも一段高い立場を得るため定信が用いた政治手法が、後見人たる御三家に辞職を申し出ることだった。九月十五日に、次のような趣旨の書状を御三家に送っている。

幕閣が幕府財政の逼迫という難局を打開する手立てを何一つ打てないようでは、自分は老中を辞職するしかない。しかし、同役の老中に難局打開の名案がなければ、自分に少々考えもあるので全権を一任してほしい。さすれば、七〜八割方は状況が好転するよう努める。成功したら、褒美として老中辞職を認めてほしい。

要するに、老中辞職をちらつかせながら、自分に大権を委任してほしいと求めたのである。当然ながら、御三家は慰留し、定信が大権を委任されるよう家斉や幕閣に働きかける。治済も同じであった。

御三家や治済に加えて御側御用取次上座の加納たちが定信の処遇について協議した結果、翌八年（一七八八）三月四日に将軍補佐役を兼務させることになった。四代将軍家綱が若年ということで、叔父にあたる会津藩主保科正之が補佐役に任命された前例に倣う人事である。大老に昇格させる案も検討されたが、それは時期尚早として退けられた。

補佐役に任命される際、家斉からは懇ろな褒詞があり、愛用の脇差が定信に下賜される。その信任の厚さも示され、同役の老中たちとの違いが将軍から直接表明された。

補佐役兼任に前後して、老中人事にも手が付けられる。先役の老中のうち松平康福、水野忠友、阿部正倫の三名が辞職に追い込まれ、側用人に抜擢していた松平信明が老中に昇格する。信明は、幕政改革を目指す定信の有力な同志の一人だった。

その後も、定信は幕閣を自派で固めることに力を入れる。寛政二年（一七九〇）には信明の後任として側用人を勤めさせていた本多忠籌を老中格とする。

老中は通常三万石以上の譜代大名から選任された。忠籌が藩主を勤める泉藩は三万石に満たず、本来ならば三万石未満の大名役である若年寄止まりだったが、特別に老中格という待遇を与えることで老中に引き上げたのだ。忠籌は定信に次ぐ幕閣ナンバーツーの地位にまで引き立てられるが、最後は定信を裏切る役回りを演じる。

辞めるつもりなど露ほどもなし

将軍補佐役として老中の上に立つことで、ようやく定信は幕政（寛政）改革でリーダシップを発揮することが可能となったが、その後も辞職願を何度となく御三家に提出した。御三家だけでなく、将軍にも提出している。

といっても、定信は将軍補佐役も老中の職も辞めるつもりなど毛頭なかった。辞職願を提出することで将軍や御三家・治済に信を問い、その支持を確認しようと目論んでいた。自らの権力基盤の強化こそ、辞職願を提出した理由だった。要するに、慰留されることを前提とした辞職願なのであり、辞める気はさらさらなかったのである。

こうして、辞職願を提出すると、将軍、御三家などから慰留されて辞意を撤回するというパターンが繰り返されていく。辞意撤回後は、将軍からは自筆の書や自身の馬具が下賜されて、その厚遇ぶりが示されることもあった。

将軍補佐役就任後は、毎日登城することなく、小事は同役の老中に任せ、政務の大筋だけを取り扱いたいと願うようになる。つまり、常置の職ではない大老に昇格することを密かに望んだ。お決まりの辞職願を提出することで、大老への昇格を目指す。

そもそも将軍補佐役とは将軍家綱が若年であったため、特別に置かれたものだった。将軍が成人すれば存在の根拠がなくなる。これに対し、大老は将軍が成人していても任命されており、定信にとって魅力ある役職だったが、その願いはなかなか叶わなかった。

独裁化への反発から政変へ

権力基盤を強化した定信は、幕府内で独裁者となっていく。やがて定信は老中職を解任されるが、その直前には次のような批判が幕府内で高まりつつあった。

かつては人々の意見をよく聞いていたが、近年では人の意見に耳を貸すことがなくなった。定信以外の老中は単独で将軍に拝謁できず、御側御用取次と殿中で話すこともできない。人により挨拶の仕方が違う。お気に入りの者には態度が良いが、気に入らない者には無愛想になり、馬鹿にしたような言い回しとなる。

幕閣入りから約六年目にあたる寛政五年六月、大老職を望む定信は辞職願を三度にわたって提出する。家斉はこれを三度却下し、慰留した。

ところが、七月六日に定信はまたしても辞職願を提出する。執拗な辞職願の提出に、事態は急転する。

定信が片腕として最も信頼を置いていたはずの老中格本多忠籌が謀主となり、治済の賛同を得た上で、定信の辞職願を容れるよう家斉に進言したのだ。望みのとおり辞職を許可することで、定信を幕閣から追放する。

事実上の解任であった。同月二十三日のことである。

定信の独裁化に、忠籌は危機感を強めていた。諫言したこともあったはずだが、約二十歳年下にあたる定信は受け入れなかった。二人は次第に疎遠となり、水魚の交わりといえる間柄だったはずが口も聞かなくなる。これが定信解任直前の状況だったが、寛政五年六月に入ると、定信は執拗に辞職願を提出することで大老の座を見据えた行動に出ていった。

辞職願により権力基盤の強化を目論む一連の手法に辟易していた忠籌は、定信の幕閣からの追放を策し、治済の賛同を得る。治済も定信の権勢が大きくなり過ぎたことに危機感を募らせていた。将軍たる家斉の威光を脅かす存在になるのは認められない。

知らぬ間に幕閣内で孤立していた定信は、自分を追放しようという動きに気づかず、失脚する。それも、自らの辞職願が命取りとなったのは皮肉なことだった。

もちろん定信も黙って引き下がったわけではない。将軍補佐役と老中からの辞職後も、老中や若年寄が詰める御用部屋への入室を許された上、少将に昇進することで体面を保とうとするが、失脚の事実は覆い隠すべくもなかった。解任された時、定信はまだ三十六歳であり、人生の半分を生きただけであった（竹内誠「老中松平定信の解任事情」『東京学芸大学

紀要　第3部門』第三十五集）。

2　老中水野忠邦を失脚させた上知令という名の「国替え」

要職には就けないお家事情

天保改革を主導した水野忠邦は、寛政六年（一七九四）に肥前唐津藩主水野忠光の次男として生まれた。長兄が早世したことで嫡男となり、文化九年（一八一二）には家督を継いで唐津藩主となる。

徳川家康の母於大の方の実家である水野家は、譜代大名として幕府の役職に就くことが多い家だったが、宝暦十二年（一七六二）に三河国岡崎から肥前国唐津に転封されると、事情が変わる。

幕府は有力外様大名の福岡藩黒田家と佐賀藩鍋島家に対し、「長崎御番」という役務を課していた。世界に向けて唯一開かれた長崎港の警備に交代であたることを命じたが、警備に要する負担の代償として、本来は一年の在府期間を約四か月に短縮することを許す。

そんな福岡・佐賀藩による長崎港警備を補完する役割を担ったのが、譜代大名が藩主を勤める唐津藩だった。よって、同藩も在府期間を約九か月に短縮することが許されたが、長崎警備のため幕府の要職には就けないという慣例があった。

ところが、忠邦は幕府の要職に就くことを強く望む。老中の座に就き、天下の政治を動かしたい。しかし唐津藩主である限り、老中就任など夢のまた夢である。

その夢を叶えるには国替えが不可欠であり、幕閣へ運動を開始するが、そこで頼ったのが、同族で駿河国沼津藩主の水野忠成だった。将軍家斉の信任がたいへん厚かった忠成は、寺社奉行、若年寄、側用人などを歴任し、最後は老中首座にまで上りつめる人物だ。

老中への道

文化十二年（一八一五）、忠邦は二十二歳で奏者番に就任する。はじめての役職だ。奏者番を振り出しに譜代大名は老中を目指すが、その次は寺社奉行を兼任することが目標となる。その後、大坂城代、京都所司代を経て老中に昇進するのが定番のコースだが、二十～三十名の奏者番のうち、幕府の要職である寺社奉行に就任できるのは四～五名だけである。

唐津藩主である限り、忠邦は奏者番止まりだったが、二年後の十四年（一八一七）九月に寺社奉行を兼ねることになった。それに伴い、遠江国浜松へ転封される。先に述べたとおり、老中など幕府の要職に任命されると、西国など遠国に所領がある大名は関東や中部地方に転封されるのが習いだが、この人事の法則が作動した。

この国替えは、浜松藩井上家六万石（藩主井上正甫）が陸奥国棚倉、棚倉藩小笠原家六万石（藩主小笠原長昌）が唐津、唐津藩水野家六万石が浜松へという三方領知替の一環だった。浜松藩主井上正甫の不行跡が幕閣により問題視され、懲罰として棚倉への転封が命じられたことが国替えのきっかけだが、空いた浜松に忠邦が封ぜられた格好だ。

寺社奉行就任と浜松転封の裏には、忠成による家斉への進言があった。人事権を持つ将軍の信頼を得ていたことは実に大きかった。

寺社奉行を八年勤めた後、文政八年（一八二五）に忠邦は大坂城代となる。翌九年（一八二六）には京都所司代の松平康任が老中に就任したことで、その後任に補《ふ》された。二年後の十一年（一八二八）、西丸老中として早くも江戸に戻る。西丸老中とは西丸御殿に住む次期将軍（家慶）付きの老中のことであり、家慶が将軍となり本丸に入ると、本丸の老中に加えられるのがこれまた人事の法則だった。

忠邦は老中昇進への定番コースを順調に進んでいた。将軍の信任を得ていた忠成による引き立ての賜物だったが、巨額の金品が裏では動いていた。老中昇進を実現するには忠成への莫大な賄賂は欠かせなかった。だが、浜松藩の財政にとり重い負担となるのは避けられず、そのツケが後に忠邦自身に回ってくる。

天保五年（一八三四）、忠邦は念願の本丸老中となる。家慶はまだ将軍ではなかったが、忠成の病死により老中が一人欠員となったため本丸に移ったのだ。家慶が将軍の座に就いたのは八年のことである。

十年には老中首座となる。模範とする寛政改革を主導した松平定信と同じ地位に到達するまで、既に二十年余も要していた。忠邦四十六歳の時であった。

強圧的な改革断行

天保八年（一八三七）九月、家斉は在職五十年の長きにわたった将軍職を家慶に譲り隠居した。本丸を去って西丸に入り、大御所と呼ばれるようになる。

時代は十二代将軍家慶の治世下に入ったが、依然として権勢を振るっていたのは家斉の寵臣たちであり、特に若年寄林忠英、御側御用取次の水野忠篤、小納戸頭取《こなんどとうどり》美濃部茂育の三人だった。この三人は、俗に「天保の三佞人《ねいじん》」と呼ばれる。家慶も将軍とは名ばかりで、大御所の家斉が幕政に強い影響力を及ぼし、幕府に君臨していた。その後ろ盾のもと、三佞人は権勢を振るった。

幕政改革を強く志向する老中首座の忠邦は、そんな現状を苦々しく思っていたが、家斉存命中は彼らに手を付けることはできなかった。しかし、十二年閏正月に家斉が死去すると、家慶の厚い信任を得ていた忠邦は人事異動を断行する。三佞人を罷免し、大老井伊直亮、老中太田資始たちも辞職に追い込む一方で、幕閣を自派で固めた。定信と同じく、改革の同志たちを老中などの要職に次々と起用する。

五月十五日、家慶は享保・寛政改革の精神に則り、改革を断行する意志を示した。ここに忠邦による天保改革がはじまるが、よく知られているように、その強圧的な政治姿勢に人々の不満は鬱積していく。

改革の開始から二年が経過した十四年六月一日、忠邦は上知令を発した。江戸・大坂周辺の大名領や旗本領を取り上げ、幕府領にすると申し渡したのである。

江戸・大坂周辺は幕府領のほか大名領や旗本領が複雑に入り交じった地域であり、統一した支配ができなかった。Aという領主の所領で犯罪を犯して追われる身になっても、近くのBという領主の所領に逃げ込んでしまえば、他領ということで踏み込めない。捕縛できなかったのだ。

そのため、江戸・大坂周辺は治安の悪化がかねてから問題となっていたが、一円を幕府領とすることで、支配違いを悪用した犯罪を防ごうと目論む。しかし、上知令にはもう一つ別の狙いも秘められていた。

お殿様たちの猛反対

幕府が取り上げようとしていた江戸・大坂周辺の大名・旗本領は、総じて年貢の多い土地だった。そのため、財政難に苦しむ幕府としては直轄領にできれば収入の増加が期待できた。その代わり、該当する土地の領主である大名や旗本には幕府領を与える予定だったが、同じぐらい好条件の土地とは限らなかった。というよりも、年貢の少ない幕府領を代わりに与えられる可能性が高かった。減収は必至であり、お殿様たちは幕府に強い不満を抱くことになる。

上知対象の大名・旗本領に住む領民たちも、上知令に衝撃を受ける。お殿様に既に納めていた年貢や御用金が、領主交代により踏み倒される恐れがあったからだ。年貢の場合は、新領主たる幕府代官に改めて納める必要があったため、既納分の返済をお殿様に強く求める。しかし、お殿様も財政難であるためない袖は振れず、不穏な空気が次第に広がっていく。ここに、お殿様や領民たちの利害が一致して、上知令の中止を求める動きが生まれた。中止となれば、お殿様たちは今まで通り年貢が多い土地を領有できて収入は減らず、領民たちもいわば債権を踏み倒されることもない。

この上知令反対の動きは、幕閣内にも飛び火する。忠邦を閣内で支えていた老中土井利位が反対派に回ったのだ。利位は大坂に飛び地が三万石ほどあり、上知令により幕府に召し上げられることになったが、大坂の飛び地に住む領民たちから債権の返済を迫られる。ない袖は振れなかった利位は窮した挙げ句、反対派に回る。

閣内からも反対の声が上がったことで、反対派の動きはさらに激しくなる。忠邦は追い詰められ、ついに徳川御三家の紀州家までが将軍に反対の意思を示し、幕府は大混乱に陥った。

将軍家慶は事態を収拾するため、閏九月一日に上知令の中止を発令する。忠邦の命運も尽きようとしていた。

忠邦、二度目の国替え

人々の天保改革（忠邦）に向けられた不満は鬱積していたが、上知令を機に、その不満が一気に噴出する。閣内不統一の事態にも見舞われ、上知令は中止となった。

もはやこれまでと、忠邦は責任を取って辞表を提出するが、事実上の罷免だった。天保十四年（一八四三）閏九月十三日のことである。二年ほどにわたった天保改革は失敗に終わった。

失脚した忠邦であったが、翌十五年六月に家慶の特命により老中に再任されていることはあまり知られていない。それだけ家慶の信任は厚かったが、忠邦にかつての勢いはなく、弘化二年（一八四五）二月には再び老中辞職に追い込まれる。

追いかけるように、老中時代の不正（収賄事件）が発覚した。これにより家慶の信任も失う。老中時代、忠邦は一万石を加増されて七万石となっていたが、二万石を削られて五万石の身上となり、隠居そして蟄居を命じられた。嫡男忠精は家督相続を認められたものの、翌三年に出羽国山形へと国替えとなる。

忠精自身に何も問題はなかったが、父忠邦が起こした収賄事件の責任を代わって取らされたのだ。懲罰としての転封である。

この国替えは、浜松藩水野家五万石が山形、山形藩秋元家六万石（藩主秋元志朝）が上野国館林、館林藩井上家六万石（藩主井上正春）が浜松へという三方領知替の一環だったが、スムーズには進まなかった。浜松藩領で大騒動が持ち上がっていたからだ。

これまで、水野家は領民から多額の御用金を取り立てていた。老中の座を手に入れるため、忠邦は長年にわたって多額の金品を水野忠成に贈り続けたが、浜松藩の財政も苦しく、御用金の賦課という形でその負担を領民に強いていた。

御用金といっても後に返済することになっていたが、水野家は返済せず山形に向おうとしたため、領民たちの怒りが爆発したのである。その上、藩からの貸付金は領民から厳しく取り立てたため、彼らの怒りはいやが応でも増した。

領民たちは百姓一揆を起こし、城下へと向かった。水野家は自力で抑え込むことができず、城受け取りのため浜松にやってきていた井上家の助けを借りて、城下への侵入を何とか食い止めている。山形への引っ越しを阻止する動きもみられたが、これも井上家の力を借りて抑え込んだ。

水野家はほうほうの体で山形へ去っていった。一連の騒動の原因を作った忠邦がこの世を寂しく去ったのは、旧領浜松での一揆から五年後の嘉永四年(一八五一)のことであった(北島正元『水野忠邦』吉川弘文館)。

3 寺社奉行に栄転させられた大岡忠相の無念

エリートコースを邁進する

旗本にとり町奉行への就任とは実に狭き門であったが、そんな狭き門をくぐり抜けて町奉行として名声を得た人物といえば大岡忠相が筆頭に挙げられるだろう。延宝五年(一六七七)、忠相は家康に仕えて江戸幕府の創業を助けた三河譜代の名門大岡家に生まれた。大岡家といっても数家あるが、忠相の実父忠高は二千七百石の中級旗本だった。

貞享三年（一六八六）、忠相は同族大岡忠真（千九百二十石）の婿養子となる。家督を継いだのは元禄十三年（一七〇〇）のことで、数え年で二十四歳の時である。

十五年、忠相は書院番に召し出される。念願の御番入りだ。将軍の身辺を守る軍団である五番方の一つ書院番の番士として、江戸城西丸の警備にあたった。西丸には将軍の世子や隠居した将軍が住む西丸御殿があった。

旗本の多くは番士として出発し、その勤務状況などが考課されて昇進する。なかでも、書院番は小姓番組とともに両番組と称され、エリート官僚を輩出する予備軍として格式の高さを誇った集団だった。一組で番士五十名（計十組五百名）。五番方の番士は役職に空きができると転任していくが、競争も激しく、番士の生活を長く続ける者も多かった。

宝永元年（一七〇四）、忠相は御徒頭に進む。御徒とは将軍の身辺警護を任務とする御家人で、一組三十名（全部で二十組）の御徒を支配する御徒頭（定員二十名）には旗本が任命された。警護責任者の一人として、その能力が将軍の御前で直接試されたため、旗本の間では重要視されたポストだった。

実父は三十代、養父に至っては四十代に入ってから、ようやく御徒頭に就任したが、忠相は二十代のうちに就任する。四年に使番となるが、五年には早くも目付に昇進した。御番入りからわずか七年で目付に昇進するのは、きわめて順調な出世である。

第Ⅱ章でも述べたとおり、目付は旗本や御家人の監察を任務とするが、将軍に直接意見を申し述べることもできる役職として、旗本憧れのポストだった。目付から奉行職に直接就任する事例も多く、忠相がエリートコースを順調に歩んでいたことが分かる。先任の目付たちの投票により選ばれたことも第Ⅱ章で述べたとおりだ。

正徳二年（一七一二）、忠相は遠国奉行の一つ山田奉行に任ぜられる。山田奉行とは伊勢神宮の警備とその遷宮の執行、そして伊勢・志摩国の幕府領の支配が任務で、山田（現三重県伊勢市）に奉行所が置かれた。遠国奉行とは幕府直轄地に置いた奉行職のことで、京都や大坂の町奉行なども含まれる。

江戸町奉行や勘定奉行など江戸城勤めの奉行職の経歴をみると、遠国奉行を経験している例が多い。中央官庁のキャリア組が地方の役所に数年勤めた後、本庁に戻るのと同じだった。

この数年後、紀州藩主徳川吉宗が徳川将軍家を継いで享保改革を開始する。忠相を町奉行に起用するが、そのきっかけは山田奉行在任時の実績だったという話が伝説化している。紀州にも近い伊勢山田での働きぶりが目に留まったわけだ。

六年二月、忠相は普請奉行に転じ、江戸に戻った。普請奉行とは幕府の土木工事に関する事務を所管する役職だが、着任間もなく、七代将軍家継が重体に陥る。家継は四月三十日に死去するが、その跡を継いだのが吉宗であった。

江戸の米価・物価安定に奔走する

同年八月十三日、吉宗は八代将軍の座に就いた。以後、吉宗は幕府政治の立て直しのため享保改革を断行する。その尖兵としての役割を期待されたのが町奉行や勘定奉行など旗本出身の実務官僚だが、吉宗が将軍職を継いだ時、幕府の主要人事で最初に手を付けたのが忠相の江戸町奉行起用なのである。

江戸の治安を守りお白洲で判決を下すイメージが強い町奉行の職務は、非常に広範囲にわたった。現在の東京都知事、警視総監、消防総監、東京地方裁判所長官そして国務大臣を兼任したような役職で、江戸の都市行政にとどまらず、国政の一翼も担った。町奉行とは最高レベルの行政手腕が要求される役職であり、人事上の慣例では勘定奉行や京都・大坂町奉行などを勤め上げた旗本が最後に就任する役職として位置付けられていた。

享保以後の事例でみると、在職のまま死去したのは十四人にも及んだ。町奉行の在職期間は平均五～六年。二十年近く勤めることになる忠相は非常に長い方であり、一年に満たない者もいた。激務だったことが一目瞭然だ。

享保二年（一七一七）二月二日、南町奉行松野助義が老衰を理由に奉行職を退いた。その後任として起用されたのが普請奉行の忠相だった。町奉行就任時の年齢をみると五十代～六十代が大半で、忠相のように四十代で就任した事例は稀である。

ここに、江戸町奉行大岡越前守忠相が誕生する。その活躍ぶりは多方面にわたったが、意外なことに経済政策にも深く関与する。当時の認識としては、町奉行の第一の勤めとは物価を安定させることだった。

物価が高騰すれば社会が動揺するわけであり、いくら治安を取り締まっても限界がある。よって、治安を守るのも大事だが、江戸の都市行政を担当する上では物価安定が最重要の職責とみなされたのである。町奉行就任者の前職をみると勘定奉行が最も多い。町奉行就任には経済官僚としてのキャリアを積むことが必要という幕府の認識が示されている。

歴代の町奉行は、江戸の米価をはじめ諸物価の安定（調節）に苦労する。経済官僚としての手腕が試される場であったが、忠相は問屋仲間（組合）を通じて米価・物価の調整をはかる。物価政策では一定の成果が上がるが、一連の米価政策は期待するほどの成果は得られなかった。

当時、幕府は米価低落に悩まされていた。江戸の米価があまりに安いと、年貢米を換金して収入に充てる幕府としては困る。江戸に年貢米を送って換金した諸藩も同様だ。かといって、米価が高騰すると白米が主食の江戸っ子は困る。

幕府は市場の米を買い上げるなどして米価を調節したが、買米資金を十分に確保できるわけでもなく、その手法だけでは限界があった。諸藩による換金に制限を加えることもできず、米価調節はうまくいかなかった。

よって、忠相は金融政策をミックスさせる手法により米価・物価の調整をはかるが、これは町奉行職を賭けるものになってしまうのである。

銀相場をめぐる両替商との戦い

当時は金貨・銀貨・銭貨の三つの貨幣が流通した時代だが、金貨と銀貨の流通にはある特徴がみられた。金貨は江戸を中心とする関東・東国経済圏、銀貨は京・大坂を中心とする上方・西国経済圏で主に使われたため、銀貨に対して金貨の価値が強くなればなるほど、江戸に多くの物資が入ってくる仕組みになっていた。

江戸に物資が潤沢に流入すれば物価は安定し、市民生活も安定する。忠相の悲願でもあった江戸の物価安定には、金に対する銀の相場を引き下げるのが最も効果的な方法だった。

幕府による公定相場は金一両＝銀六十匁だが、実際の相場は日々変動していた。基準となる相場は公定したものの、幕府が相場の動向に介入することは原則としてなかったが、享保三年（一七一八）に事態が急変する。金に対する銀の相場が一両につき四十匁台にまで上昇し、これに連動して物価も高騰しはじめたのだ。

同年閏十月、事態を重くみた忠相は、江戸の両替商に対して銀相場を六十匁まで引き下げるよう命じた。しかし、当時の相場は銀四十三〜四十四匁であり、両替商は激しく反発する。忠相の指示に抗議し、一斉に店を閉めてしまう。本来、こうした問題は相場の動向に任せるべきである。

両替商、つまり銀行が軒並み業務を停止したため、江戸の経済は大混乱に陥る。やむなく、忠相は五十四〜五十五匁という線で妥協をはかったが、両替商は態度を変えない。店を閉めたままだった。

結局のところ、忠相は指示の撤回を余儀なくされる。翌四年（一七一九）三月二十日、両替商の言い分を認め、相場の動向に任せると申し渡した。翌日より両替商は店を開いて営業を再開する。一片の指令では、相場を左右できない現実を忠相は思い知らされた。

経済を牛耳る両替商

この時代、江戸と上方では主要通貨が異なるため、商取引の際には金と銀を交換することが必要だった。その業務を担ったのが両替商なのだが、その立場を活用して商取引に強い影響力を行使し、江戸の経済界に重きをなした。

両替商は上方を本拠とする者が多く、上方商人との関係が深かった。銀相場の引き下げをはかる忠相の金融政策は上方の問屋商人の利益を損なうものであり、両替商の抵抗とは上方商人の利益を代弁していた。問屋と連係した上での行動だったのだろう。

その後、金銀の相場は幕府の望む六十匁ほどになったが、享保七年（一七二二）十二月になると、五十一匁に急上昇する。忠相は銀相場の引き下げを再び両替商に命じたが、効果はなかった。今回も相場の動向に任せざるを得なかった。

両替商に銀相場の引き下げを命じるだけでは効果がないことを痛感した忠相は、最終的には貨幣の質を落とす改鋳により事態の打開を目指す。単に銀相場の引き下げを命じるだけでは効果がないため、貨幣改鋳を通じて強制的に引き下げようとしたのだ。

ここに、質を落として貨幣の流通量を増やすとともに、改鋳に事寄せて金貨よりも銀貨の質の下がり具合を大きくする手法の併用で銀相場引き下げを目指す金融政策が断行される。

貨幣改鋳により市場の流通量を増やせれば、諸藩などが換金のため市場に放出する米の流通量も減り、米価下落の大きな要因が取り除ける。銀相場の引き下げにも成功すれば、江戸に多くの物資が入ってくる環境も整えられる。

しかし、吉宗は貨幣改鋳には最後まで抵抗した。貨幣の質を悪くする手法への嫌悪感があった。だが他に妙案もなかった。最終的には忠相らの意見を承認する。

町奉行職を賭ける

元文元年五月十二日、忠相は改鋳を告げる町触を発した。それまでの金銀貨の質を百とすると、今回の金貨の質は六十、銀貨は五十八に引き下げられた。金貨よりも銀貨の質の下がり具合を大きくすることで、銀貨に対する金貨の力を強くしようという狙いがあった。

ところが、銀相場の引き下げをはかったにも拘わらず、逆に四十九匁に急上昇してしまう。質が下げられた銀貨が発行されるのを受け、それまで流通していた良質な旧銀貨が市場に出回らなくなり退蔵されたのだ。それゆえ新銀貨との引き換えが進まず、銀貨が払底して相場が高騰したのである。銀相場引き下げという幕府の意図に対抗するため、両替商が銀相場を操作した可能性も高いと忠相はみていた。

銀相場を引き下げようとする忠相を、二度にわたって挫折させた両替商は、この時も店を閉めるなどして抵抗するが、忠相にしてみれば想定内の反応だった。逆に強硬手段に打って出る。

六月二十六日の昼、忠相は南町奉行所に江戸の両替商を呼び出して銀相場高騰の理由を問い糺そうとしたが、奉行所に出頭してきたのは主人ではなく代理の手代たちだった。主人が出頭してこない理由を尋ねたところ、火急のお召しだったため店を留守にしており、手代が代理として出頭したと返答している。だが、忠相はその言い訳を額面通りには受け取らなかった。両替商の抵抗の意思をみた。

銀相場高騰の理由も説明させたが、忠相はこれに納得せず、全員を牢屋に入れる。両替商が相場を不正に操作している疑いがあり、それを取り調べるという名目である。これを知った両替商は、その日の午後四時には店を閉める。忠相への抗議の意思を暗に示した。

翌二十七日、両替商は奉行所に手代の釈放願を提出した。手代がいないため業務が行えない。前回、営業を停止することで忠相を屈服させた前例に倣ったのだが、忠相は受け付けなかった。

両替商側の休業戦術は想定の範囲内だった。逆に、吟味中の一件に関連して休業し、相場を混乱させるのは不届きと叱りつけ、その日のうちに店を開かせる。両替商は手代の釈放を何度となく願い出るが、忠相は認めなかった。手代は牢屋に入れられたままだった。

忠相は銀相場引き下げに不退転の決意で臨む姿勢をみせたが、思惑通りにはなかなか下がらなかった。市場の反発はもちろん、両替商が水面下で激しく抵抗したのだろう。

こうした対立状態は二か月近くも続く。事態が暗礁に乗り上げるなか、突然、町奉行の人事異動が発令される。

寺社奉行へまつり上げられる

八月十二日、忠相は寺社奉行に御役替となった。この人事異動により、元文元年の両替商の一件は北町奉行稲生正武の掛りに移される。稲生が北町奉行に就任したのは享保十六年（一七三一）のことであり、前職は勘定奉行だった。新しく南町奉行に就任したのも、同じく勘定奉行の松波正春である。

同月十九日、北町奉行所に呼び出された両替商は奉行の稲生より、手代は釈放するので、今後は慎むようにと申し渡された。これだけ両替商にお灸を据えておけば、相場の操作はできないだろうという意図が読み取れる。これ以上、江戸の経済や金融を混乱させるのも得策ではないという判断もあったが、忠相が担当（町奉行）から外れたことも大きかった。

結果からみると、この一件が引き金となって忠相は約二十年在職した町奉行職を離れた。忠相が主導した改鋳により大きな打撃を受ける両替商、その裏にいた上方の商人たちが幕閣に忠相を町奉行職から外すよう強力に働きかけたのだろう。

だが、忠相の町奉行職と引き換える形になったとはいえ、元文の改鋳により江戸の米価・物価はようやく安定に向かう。幕府の断固たる姿勢も相まって次第に下落し、寛保元年に至って銀の相場も六十匁で安定した。この頃になると、改鋳の効果も表れて米価や物価も安定する。

寺社奉行に転じた忠相は六十歳になっていた。寺社奉行は本来大名が任命される職であるため、幕府としては忠相を大名にする必要があり、寺社奉行在職中に限るという条件で一万石の大名に取り立てた。大名格である寺社奉行を退任すれば、旗本に戻ることになる。

前項でみたように、忠相は寺社奉行に就任する直前まで、不退転の決意で臨んだ改鋳に反発する両替商と、たいへんな緊張状態にあった。度重なる手代の釈放願も受け付けなかったが、忠相が寺社奉行に就任して担当から外れると、代わって町奉行となった稲生正武は手代を釈放してしまう。

忠相としては、自分が担当から外れるや、一転釈放では面目が立たず、こうした処置は非常に不本意だった。忠相の対応に問題があったことを、幕府自らが認めたとみなされる可能性も高かったが、幕府としては、そうした批判を封じるためにも、忠相を寺社奉行に昇格させたのだ。いずれにせよ、破格の出世ではあった。

待ち受ける嫉妬といじめ

寺社奉行（大名格）となった忠相には、吉宗の厚い信任を受けて町奉行職を二十年近く勤めた上に、旗本から大名格へと破格の出世を遂げたゆえの嫉妬が待ち受けていた。先任の寺社奉行たちからいじめを受ける。寺社奉行に就任してはじめて登城した日、城内にあった寺社奉行詰所への入室を拒否されたのだ。

寺社奉行（定員四～五名）は、大名から任命される奏者番（定員二十～三十名）が兼任する定めだった。そのため、寺社奉行詰所は奏者番の控室を兼ねたが、忠相は奏者番には任命されなかったことを理由に入室できず、詰所の隣が忠相の控室に急遽指定されている。吉宗の計らいであった。

就任早々、年下の先輩からの「いじめ」に遭った忠相だが、能力の差は歴然としており、実務を処理する段となれば今までの経験がものをいう。同役の奉行たちが忠相に一目置くようになるのは時間の問題だった。忠相にしても、その辺りの機微は分かっており、自分よりもかなり年下の同役を常に立てながら、フォロー役に徹する。

寺社奉行就任から十二年が経過した寛延元年（一七四八）閏十月一日、忠相は正式に一万石の大名に取り立てられ、三河国で西大平藩を立藩する。この時、奏者番も兼ねており、ようやく寺社奉行として奏者番の控室にも入室できるようになる。

しかし、忠相の最大の庇護者であり理解者である吉宗が寛延四年六月二十日に死去すると、忠相も翌十二月十九日に吉宗の後を追うように世を去る。享年七十五であった。

旗本から大名にまで立身出世した忠相の生涯をみてきたが、町奉行から寺社奉行への栄典には裏があった。実務官僚のトップである町奉行に比べると、大名役の寺社奉行は幕政への影響力は小さく、一歩退かされた面は否めない。忠相にとり栄典には違いなかったが、幕府の人事上の慣例では、大目付や留守居と同じく「一丁上がり」のポストだったのである（安藤優一郎『江戸のエリート経済官僚―大岡越前の構造改革』ＮＨＫ出版 生活人新書）。

4　嫉妬で町奉行になれなかった長谷川平蔵

名門長谷川家の分家に生まれる

江戸の治安を預かったのは大岡忠相に代表される江戸町奉行だけではない。火付盗賊改方という役職もあった。読んで字の如し、放火犯や盗賊を取り締まる役職だが、火付盗賊改といえば長谷川平蔵の名前が真っ先に思い浮かぶに違いない。平蔵の人気は大岡に勝るとも劣らないが、その人気を決定付けたのが池波正太郎の代表作『鬼平犯科帳』であることは誰しも異論はないだろう。

延享三年（一七四六）、平蔵は旗本長谷川宣雄（家禄四百石）の嫡男として生まれた。長谷川家の先祖は駿河の大守今川義元に仕えたが、桶狭間の戦いの後は家康に仕える。今川家遺臣の出であり純然たる三河譜代ではなかったものの、以後家康に忠勤を尽くし、大岡家と同じく両番組の家柄となる。長谷川家も大岡家も旗本のなかでは名門の家柄だったが、平蔵はそんな長谷川家の分家に生まれた。

父宣雄は三十歳で御番入りを果たした後は順調に昇進し、明和二年（一七六五）には先手弓頭に昇任する。先手頭には先手弓頭と先手鉄砲頭の二つがあり、名前のとおり戦場では弓組・鉄砲組を率いて先陣を勤める役職だ。平時は城門の警備にあたったが、弓組が八組、鉄砲組が二十組（他に西丸先手組として、弓組二組、鉄砲組四組）で、各組に与力六～十騎、同心三十～五十名が付属した。

明和八年、宣雄は火付盗賊改を兼ねたが、その手腕が発揮される時が早速やってくる。翌九年二月二十九日、明暦の大火と並び称される目黒行人坂の大火が起きたが、その放火犯を見事捕縛したのだ。

これにより、同年十月には京都西町奉行に抜擢されるが、次の年にあたる安永二年（一七七三）六月に急死してしまう。京都にいた平蔵は江戸に戻り、同年九月に二十八歳で家督を継いだ。

火付盗賊改への道

それから約半年後の安永三年（一七七四）四月、平蔵は西丸御書院番の番士に召し出された。御番入りである。その後、西丸御進物番、西丸御徒頭を歴任し、天明六年（一七八六）

七月には父も勤めた先手弓頭に進む。時に平蔵は四十一歳。順調な昇進ぶりだった。

平蔵が先手頭となった直後、幕府は大きく揺れ動く。八月二十五日に十代将軍家治が病没したのだ。家治の信任が厚かった老中田沼意次も、その直後に失脚する。

天明七年四月十五日、家斉が十一代将軍の座に就いたが、この頃江戸の米価は異常に高騰し、五月二十日から二十四日にかけて、売り惜しみや買い占め行為に及んでいた米穀問屋の家宅や蔵が打ち壊された（天明の打ちこわし）。町奉行所の力ではとても抑止できない事態となり、江戸は一種の無政府状態に陥る。

五月二十三日、幕府は先手頭のうち平蔵たち十名に出動を命じる。弓や鉄砲といった飛道具を携行した先手組が市中を巡回するという、一種の戒厳令が敷かれたのだ。それだけ、幕府は事態を危険視した。

先手組の動員などもあってやがて事態は鎮静化するが、この事件が政権交代の原動力になったことは既に述べたとおりである。

六月十九日、家治の従兄弟にあたる白河藩主松平定信が老中首座に就任する。以後、寛政改革と呼ばれる改革政治が断行されるが、平蔵もその治績に名を残すことになる。

火付盗賊改という役職

松平定信が老中首座に就任した直後の天明七年九月十九日、先手弓頭長谷川平蔵は火付盗賊改も兼任する。火盗改長谷川平蔵の誕生だ。

翌八年四月、いったん火盗改を免ぜられるが、同年十月には再任される。以後、死の直前まで火盗改を勤めたが、ここで火付盗賊改という役職について整理しておこう。

江戸の治安を預かるのは町奉行の役目だったが、配下の与力・同心の数は南北両町奉行所を合わせても与力は五十騎、同心も二百四十名に過ぎなかった。実は与力・同心といっても、全員が江戸の治安を担ったわけではない。市中巡回を任務とする三廻り（定廻り・臨時廻り・隠密廻り）は二十名ほどに過ぎず、これでは町人の人口だけで五十万人をゆうに超える江戸の治安維持など到底無理だった。

こうした現状を踏まえ、幕府は特に放火犯や盗賊など凶悪犯の捕縛を任務とする火付盗賊改を新設する。先手頭のなかから兼任（加役）という形で、その職務にあたらせた。火盗改に任命されると、別に四十人扶持（七十二石）が支給されるのが慣例である。

火盗改には与力十騎、同心五十名が付属したが、その下では目明かしや岡引きが手足となって動いた。町奉行所と同じ陣容だが、町奉行所のような役宅は天保期の頃まではなく、自邸が役宅を兼ねた。自邸兼役宅にはにわかづくりの白洲や仮牢が設けられて吟味が行われ、判決も下された。

町奉行所との関係だが、職務内容がバッティングするため対立することもたびたびだった。そうした場面も、町奉行の活躍を描いた時代劇で時折みかける。火盗改の取り締まりは町奉行所に比べて荒々しく、江戸っ子からは恐れられた存在だった。火盗改の配下が凶悪犯を斬り捨てる場面は、時代劇でもよく出てくる。

平蔵に注がれる冷たい視線

そのため、火盗改は江戸っ子からは畏怖される存在となっていたが、平蔵はちょっと違った。定信側近の水野為長が改革政治や幕府役人に対する世評を集めた『よしの冊子』には平蔵の名前も結構出てくるが、江戸市中での平蔵の評判は概して良かった。江戸庶民の間では人気が高く、町奉行待望論も沸き起こっていたほどである。次のような事例が人気の高さに繋がっていた。

いつの時代も、自腹を切る気前の良い人物は好かれる。平蔵の評判が良かったのは、気前の良さということも大きかった。配下の与力・同心だけでなく、役宅にやってきた町人にも食事を振る舞ったという。

夜中に町内で放火・盗賊行為に及んだ者を町人たちが取り押さえ、平蔵の役宅まで連れてくることがあった。その際、町人たちに蕎麦を振る舞う。火盗改側に食事を振る舞う義務などなかったが、平蔵は自腹を切って慰労した。

蕎麦を振る舞ったのにも理由があった。冷飯に茶漬けでは喜ばないだろうとして、蕎麦屋に人を走らせて蕎麦をわざわざ取り寄せたのである。当然町人は感激する。そこまで気を遣ってくれる役人などいなかったからだ。

だが、こうした行為は平蔵に反感を持つ者には、人気取りと映る。スタンドプレーというわけだ。世間の評判を取ることで、出世にもプラスになると計算しているのではと勘繰られてしまう。

火盗改は仕事柄、江戸の町ではどうしても目立つ花形の役職である。この役職を見事勤めれば、エリート街道を進むことも十分可能だった。平蔵の父も京都西町奉行に抜擢されており、平蔵が町奉行の座を射止めるのも決して絵空事ではない。江戸の町で沸き起こる町奉行待望論も、そんな空気の表れだ。平蔵もよく分かっていただろう。

しかし、出る杭は打たれるではないが、目立ち過ぎると、その分反発を買ってしまう役職でもあった。ライバルたちの嫉妬を招くのである。そんな嫉妬や反感が、結局のところ平蔵が火盗改で終わる理由にもなる。

世間を相手にすることの難しさが表れている。現在でも同じようなことはあるはずだ。

人足寄場創設と鬼平の苦しい懐事情

寛政改革の施策として歴史教科書にも紹介されているものに人足寄場の設置があるが、この施策の生みの親こそ平蔵だった。平蔵が定信に建議した結果、設立に至った。

江戸の町には、無宿と呼ばれる人々が数多く住んでいた。無宿とは戸籍帳である人別帳から外された者を指す。その大半は貧困などを背景に農村から流れてきた農民だが、生活に窮したあまり犯罪に走る者も多く、江戸の治安が悪化する大きな要因となっていた。

歴代の町奉行にとり、無宿の扱いは懸案事項だったが、平蔵は無宿の授産・更生施設として人足寄場の設置を定信に建議する。現在でいえば、職業訓練所のような施設だ。

平蔵の提案は認められ、その建設と運営に自らあたることになった。寛政二年（一七九〇）二月に、人足寄場は隅田川河口に浮かぶ石川島で開所する。

寄場に収容した無宿は、大工や鍛冶屋の仕事、紙漉《す》き、石灰・炭団作りなどの作業に従事させた。作業により得た報酬は積み立てられ、出所時に渡された。当初、収容者数は百四十〜百五十人ほどだったが、天保期には四百〜六百人ほどになる（『人足寄場史』創文社）。

平蔵というと、凶悪犯を捕縛する「鬼平」としてのイメージが強いが、無宿が悪の道に入るのを防ぐことにも力を注いでいた。手に職を付けさせることで自活の道を覚えさせようとしたのだ。

だが、その裏では涙ぐましい努力があった。幕府から支給された経費ではとても足りなかったからである。

人足寄場は定信お声掛りで創設された幕府直轄の施設であり、初年度の経費として金五百両、以後も毎年三百両が幕府から出されている。それとは別に、初年度は米五百俵（次年度以降は三百俵）が支給されたが、その程度ではとても足りないのが実情だった。

といっても、幕府も財政難であり、それ以上の費用は出せなかった。そのため、平蔵はかなりの持ち出しを余儀なくされるが、それでも足りず金策に駆けずり回る。江戸市中にも平蔵が寄場の経費捻出に四苦八苦する様子が知れ渡っていく。このままでは、寄場の事業継続は難しいのではという噂まで立っていたことが『よしの冊子』には記録されている。

銭相場に手を出す

窮地に立たされた平蔵は、銭相場に手を出すことを決める。

当時、銭相場の下落に伴い物価が上昇し、銭相場の引き上げが緊急の政策課題になっていた。平蔵はそれに目を付ける。

貨幣には金貨・銀貨・銭貨の三つがあったが、江戸庶民が使う貨幣は主に銭である。その相場が下がっていた分、庶民生活は圧迫されていた。わずか数年前には、米価高騰を要因とする生活苦が社会不安を引き起こして米穀問屋宅が打ち壊されたが、その再来の危険まであったのだ。

よって、銭相場を引き上げたい幕府の方針に則って、寛政三年（一七九一）四月に平蔵は幕府の公金三千両をもって銭を買い上げる。これにより、一両につき銭六貫二百文の相場が二日ほどで五貫三百文まで高騰する。相場が上昇したところで手持ちの銭を売り払い、差額分を寄場の経費に充てた。

一両につき約九百文の利益であるから、仮に千両を売却したとすれば、それだけで九百貫文。金に換算すれば、約百七十両の利益となる。年間経費の半分以上が転がり込んでくる計算だ。

平蔵は理財の才に長けていたのだが、銭相場の急上昇に便乗して巨利を得た者がいた。両替商たちである。その筋の専門業者である両替商の方が、平蔵よりも一枚上手だった。両替商のほか質屋や呉服屋もこれに便乗し、多大な利益を得る。

相場の変動により利益を得た者をみてきたが、得をする者がいれば、逆に損をする者がいるのは世の習いだ。この時の銭相場の急上昇で損失を出した者は、平蔵を恨んだだろう。当時、平蔵の評判が珍しく悪かったことは『よしの冊子』からも分かるが、銭相場上昇で損した者たちの恨み節だったのかもしれない。

そもそも、武士が銭相場に手を出すことへの批判があった。銭相場に手を出したのは平蔵だけではない。銭買い上げで相場が上昇することを予測し、銭を買い集めて売却益を得た旗本もいた。インサイダー取引のようなものであるから、こうした行為は当然批判を浴びる。

平蔵が銭相場に手を出したのは、公務を遂行するための費用を捻出するためだった。自分が利益を得るためではなかったが、そうした陰の苦労は周囲には評価されなかった。銭相場で売却益を得るという行為ばかり注目され、この件については評判が悪かったのである。

上司に嫌われて火盗改で終わる

平蔵の建議を容れて寄場の建設を許可した定信にしても、実は平蔵に好感を持っていなかった。むしろ、毛嫌いしていた。

定信の自叙伝『宇下人言《うげのひとごと》』を読むと、人足寄場について触れた箇所で平蔵の評価が語られている。定信も寄場に関する平蔵の功績は認めていたが、その人物については信頼を置いていなかった。『よしの冊子』でも、平蔵は山師などと評されていたが、定信もそんな平蔵評があったことを認めている。

では、なぜ平蔵に寄場の管理を任せたのか。

無宿の管理・更生という一筋縄ではいかない仕事は、山師と評されるような遣り手でなければ務まらないと考えていたからだ。人物・人柄は評価していないが、手腕・能力は評価していたということなのだろう。

平蔵は定信に信頼されていると思い、誹謗中傷も意に介さず、持ち出しも厭わず、寄場事業の運営が軌道に乗るよう悪戦苦闘していた。ところが、当の定信の心の内はそんなものだった。

銭相場に手を出して売却金を寄場の経費に回す奇策まで弄した平蔵だったが、持ち出しを余儀なくされる窮状は変わらなかった。平蔵の懐事情はますます厳しくなる。

平蔵の仕事は、寄場の管理運営だけではない。先手頭そして火盗改としての職務もある。これにしても経費が嵩む役職だった。

寛政四年（一七九二）八月頃の『よしの冊子』の記事を読むと、火盗改を長く務めることで長谷川家の身上が傾いているという噂が立っていた。寄場の管理運営に伴う出費もその大きな要因だったはずだ。それだけ身上を注ぎ込んで職務にあたっていたが、このままでは首を括ることになるのではと市中では噂されていた。

実はこの年の六月、平蔵は寄場の管理運営の任を解かれる。その努力により、運営が軌道に乗ったと定信が判断したのだろう。寄場奉行が新設され、徒目付の村田鉄太郎という者が任命された。

寄場創設そして運営に対する幕府（定信）の評価は、その後の処遇をみればよく分かる。平蔵は先手頭兼火盗改のままで、褒美として大判金五枚を賜っただけだった。冷遇といって良い。その功績が評価されて加増か役替えになっても不思議ではないのに、大判五枚だけというのはひどいという評判が立ったぐらいである。

約九年間、平蔵は先手頭を勤めた。父宣雄の在職期間よりも少し長かったが、火盗改に至っては約八年も勤めた。宣雄は一年間だけで、目黒行人坂の大火での功績により京都町奉行に抜擢された。

平蔵にしても、先手頭・火盗改を勤めた後は奉行クラスへの出世を望んでいたはずだ。江戸庶民の間では人気があり、町奉行待望論も沸き起こっていたことは既に述べた。

だが、上司であり将軍補佐役として幕府役人の人事権を握る定信の受けが良くなかったからには、それ以上の出世は望めなかった。ライバルの嫉妬も凄まじく、定信としては平蔵を町奉行などに抜擢することへの反発を慮ったのかもしれない。寛政七年（一七九五）五月、平蔵は火盗改のまま不遇の生涯を終えるのである（重松一義『鬼平・長谷川平蔵の生涯』新人物往来社）。

第 Ⅵ 章

国替えを拒否したお殿様

～幕府の威信が揺らぐ

1　天保十一年三方領知替の背景

財政難に苦しむ川越藩松平家

冒頭で述べたとおり、大名は国替えという名の幕府（将軍）からの異動命令を拒むことは許されなかった。拒めば御家取り潰しの運命が待っていたが、江戸二百六十余年において、幕府が国替えの命令を自ら撤回したことが一度だけあった。お殿様たちや領民たちの反対運動に屈し、国替えを中止したのである。

本章では、天保十一年（一八四〇）十一月に幕府が庄内・川越・長岡三藩に命じた三方領知替が撤回に追い込まれる過程を追う。財政難に苦しむ川越藩松平家が旧領姫路への国替えを幕府に願い出たことが事の発端だった。

当時、川越城を居城とした松平家は転封を命じられることの多い大名であり、その数は十回以上に及んだ。第Ⅳ章で登場した松平明矩の代には、三方領知替によって白河から姫路へ国替えとなる。寛保元年（一七四一）のことである。同家が姫路に入ったのはその時で三度目だったが、期間は十年にも満たなかった。

寛延元年（一七四八）に明矩は病死し、幼かった嫡子朝矩が跡を継ぐが、幼少の身では西国の要衝姫路は任せられないとの理由で、翌二年に上野国前橋への転封が命じられる。代わりに姫路に入ったのは、前橋藩主で老中首座の酒井忠恭であった。

松平家の新たな居城前橋城は、大きな問題を抱えていた。城の近くを流れる利根川は天然の要害だったが、当時はむしろ洪水の脅威に直面していた。

歴代の前橋藩主は利根川の洪水に苦しめられるが、松平家も例外ではなかった。お殿様が住む本丸が水浸しになり、櫓なども損傷を受け、城内の別の場所に避難したぐらいである。洪水の脅威に耐えかねた松平家では、幕府に願い出て、明和四年（一七六七）に居城を川越城に移すことが許される。要するに武蔵国川越への国替えだが、それに伴い前橋城は廃城となる。

川越藩松平家の石高（表高）は十五万石だったが、実際の年貢収入は石高に見合ったものではなかった。洪水や浅間山大噴火の影響もあり、姫路時代に比較すると、同じ十五万石の土地でも年貢収入はその五〇〜六〇％にとどまった。

その上、文政三年（一八二〇）より川越藩は異国船の来航に備えて江戸湾の海防を命じられる。三浦半島に置かれた陣屋に多数の藩士を常駐させたため、その費用も藩財政の悪化に拍車を掛けていた。

というよりも、川越移封前から財政難だった。その最大の要因こそ、度重なる国替えなのである。

国替えのたびに莫大な臨時出費を強いられた松平家は、急場凌ぎとして商人からの借財で費用を賄うが、結局のところ、その分借財が雪だるま式に増えるだけだった。天保九年（一八三八）の数字によれば、三都の商人や領民などからの借財は計四十万両を超え、年間の返済だけで三万六千二百両が消えていった。

文政二年（一八一九）、朝矩の孫にあたる藩主松平斉典は城下の豪商横田五郎兵衛を武士に取り立て、勘定奉行格として財政再建にあたらせることを決める。その理財の才を活用しようとしたが、すぐに効果が表れるわけではない。時間がかかる。

よって、最も手っ取り早く財政再建を果たす方法として、川越からの国替えを目指すことになる。現状よりも年貢の増加が期待できる土地に移ろうとしたのであった。

将軍の息子を世継ぎに迎える

時の将軍は子だくさんで知られた十一代家斉である。家斉は後継者の家慶を除き、徳川一門の親藩大名に息子は養子に入れ、娘を正室として嫁がせたが、親藩だけでは養子（輿入れ）先が足りなかった。そのため、譜代大名に加えて加賀藩前田家など有力外様大名にまで、その対象が広げられている。

一方、家斉の子供を押しつけられる側の大名はこれを迷惑がり、理由を付けて逃げ回った。養子入り・輿入れの時に相応の持参金は入ったものの、その費用だけではとても足りなかったからだ。将軍の息子や娘を迎えることの気苦労も多かった。

しかし、松平家では家斉の息子を養子に迎えることで、逆に財政再建を果たそうと目論む。将軍との親子関係を利用して、拝借金、加増、年貢増加が期待できる土地への国替えなどの優遇措置を幕府から引き出そうとしたのだ。親藩大名の美作《みまさか》津山藩松平家などは家斉の十五男斉民を養子に迎えたことで五万石も加増され、計十万石の身上となっている。津山藩松平家は川越藩松平家と同じく、結城松平家の流れを汲む家柄である。

文政十年（一八二七）、松平家は家斉の二十四男紀五郎（後の斉省）を斉典の養子に迎えることが許されるが、早くも翌十一年に旧領姫路への転封などを願い出る。家斉の息子を養子に迎えた狙いを隠そうともしなかったが、姫路時代に比べて年貢が十万俵も減ったことなどが、旧領復帰の理由として挙げられていた。

しかし、旧領復帰の願いは叶わなかった。松平家の運動に対抗するように、姫路藩酒井家が家斉の二十五女喜代姫を次期藩主忠学の正室に迎えることで松平家の望みを絶ったからである。同じく将軍との親子関係を利用して、姫路から動きたくないと幕府にねじ込んだのだ。

諦めきれない松平家は、天保九年（一八三八）に二万石の加増を求める願書を提出するが、幕府にしても養子先であるからといって、やみくもに加増できるほどの財政的余裕はなかった。翌十年に、一万両の拝借金を許すにとどまる。名目は拝借金だが、後には将軍からの恩恵として下賜金に切り替えられるのが通例だった。

十一年六月、姫路復帰を諦めた松平家は、あまり遠くない場所への国替えを求める嘆願書を幕府に提出する。具体的に希望先までは出さず、年貢増が期待できる場所への転封を願っているが、この時は幕閣だけでなく、大御所として幕府に君臨する前将軍家斉周辺にも激しく工作した。人事権を持っているのは将軍家慶の方だが、この時はまだ名ばかりの将軍に過ぎず、家斉の意思がすべてだったからである。

松平家では、世継ぎとして迎えた斉省にも自筆の嘆願書を水野忠邦や大奥宛に書いてもらっている。大奥には家斉の側室で斉省の生母おいとの方がいた。要するに、両親に対して泣き落としに出る。

この作戦は見事に当たり、松平家は念願の転封を勝ち取る。大御所として実権を握る家斉からの命とあれば、老中首座水野忠邦をトップとする幕閣は従うより他はなかった。忠邦たちは転封先の検討に入り、三方領知替により庄内を転封先とすることを決める。

十一年十一月一日、幕府は川越藩松平家が出羽庄内、庄内藩酒井家（藩主酒井忠器）が越後長岡、長岡藩牧野家（藩主牧野忠雅）が川越へ転封という三方領知替を発令した。ようやく国替えの願いが叶った松平家は喜びに沸き立つが、突然の通告に驚愕したのは庄内藩と長岡藩だった。

突然の転封に驚愕する庄内藩酒井家と長岡藩牧野家

松平家は庄内への国替えを手放しで喜んだが、これには理由があった。

庄内藩主の酒井家は有力譜代大名の一人である。表向きの石高（表高という）は十四万石だが、肥沃な庄内平野が所領であるため実際の石高（実高という）は二十万石を超えた。その点、表高は十五万石だが、実高は二十万石余の姫路領と同じような藩である。

その上、領内には全国有数の港町酒田があった。最上川が日本海に流れ込む河口に位置する酒田は、北前船の寄港地として日本海海運の一大拠点であった。数多くの商家や民家が立ち並ぶ港町として大いに繁栄した。

海運による交易を通じて酒田の商人たちは財をなしたが、裕福な豪商が領民であることは領主にとり何かと好都合だった。莫大な臨時出費を余儀なくされた時、その財力に頼れたからだ。御用金と称して大金を取り立てることが可能である。

よって、姫路復帰は叶わなかったものの、松平家にとり庄内領は姫路領を上回る好条件の土地だった。財政難克服の目途も立つはずだ。

しかし、庄内藩主酒井家は突然の国替えの通告に困惑する。酒井家にしてみると、何か落ち度があって懲罰として転封を命じられたのではなく、松平家の事情で国替えを求められたからである。そもそも、庄内藩酒井家は立藩以来、二百年以上にわたり転封されることなく庄内の地で君臨していた。

晴天の霹靂としかいいようのない国替えの命令だったが、幕命とあれば受諾せざるを得ないのが当時のしきたりだ。引っ越しの準備に取りかかるが、転封先は川越ではなく長岡であった。

長岡藩の表高は七万四千石であり、庄内藩の半分ぐらいしかないため、不足分は添地という形で幕府領がプラスされるはずであった。一方、川越藩の表高は十五万石で長岡藩の倍以上あるため、牧野家の領有が認められるのは約半分だけになるだろう。

長岡藩牧野家にとっても、川越への国替えは晴天の霹靂だった。牧野家も入封以来、二百年以上にわたり転封されることはなかったが、この国替えの対象となった背景には以下のような事情があった。

牧野家が直轄地としていた新潟湊も北前船の寄港地であり、酒田湊と同じく日本海海運の一大拠点だった。長岡藩は新潟に奉行所を置いて湊に出入りする船から役銀を徴収したが、その額は年間六千〜七千両にも達し、藩庫を大いに潤す。長岡藩にとり、新潟湊は打ち出の小槌のような存在であった。

ところが、新潟湊は密貿易の拠点でもあった。薩摩藩の影がちらついていた。財政難に苦しむ薩摩藩は琉球との貿易を隠れ蓑に得た御禁制の外国の産物を船に載せ、新潟や遠く蝦夷地にまで持ち込むことで、巨利を挙げる。その莫大な利益は藩借財の返済に充てられたが、御禁制の外国の産物を扱っている以上、これは抜荷、密貿易に他ならなかった。

御庭番を通じて薩摩藩による密貿易を把握していた幕府は、事態を重くみて、摘発に乗り出す。天保十年（一八三九）十一月、密貿易に関係した新潟の商人たち五十人余を捕らえ、関係者を流罪や闕所《けっしょ》に処した。獄死者まで出たほどの厳しい吟味だったが、なお密貿易は根絶できなかった。

翌十一年、再び新潟を舞台にした密貿易が摘発される。依然として抜荷がやまなかったことが分かるが、幕府は新潟を領有する長岡藩による取り締まりが不十分なことも一因とみなしていた。

そこで、密貿易の拠点になっていた新潟湊を長岡藩から取り上げて幕府直轄地とする案が浮上する。自ら密貿易の取り締まりにあたろうとしたが、今回の国替えに長岡藩も加えて三方領知替とすることで、直轄化を目論む。国替えにより、当事者の大名領は一時幕府のものとなるため、その仕組みを利用して新潟湊を取り上げようとしたのである。

なお、この三方領知替は中止に追い込まれるため、長岡藩は引き続き新潟湊を領有できたが、幕府は新潟を直轄地とする意思を捨ててはいなかった。天保十四年六月に、前章で取り上げた上知令と連動する形で長岡藩から新潟湊を取り上げ、勘定吟味役の川村修就を初代新潟奉行に任命する。打ち出の小槌だった新潟湊が取り上げられたことで、以後、長岡藩の財政悪化は深刻なものとなっていく。

転封先に忍びの者を潜入させる

幕府から国替えを命じられた川越・庄内・長岡の三藩は歓喜、あるいは落胆したが、城と所領の引き渡し（受け取り）に必要な事務処理にすぐさま着手しなければならなかった。第Ⅲ章で明らかにしたように、江戸留守居役（江戸藩邸）がリードする形で国替えの手続きは進められた。

国替えをスムーズに進めるため、三藩の江戸留守居役は自領についての情報を提供し合うが、その裏では次のような動きもみられた。転封先に藩士（忍びの者）を密かに派遣し合い、領内の実情を詳細に探索させた。幕府の御庭番のような隠密を放ち、これから領主として支配することになる所領の実情を探ったのである。

転封先の藩から得られる情報だけでは不十分とみなしていたことが分かる。これまで取り上げてきた事例では確認できなかった動きだが、国替えでは別に珍しいことではなかったはずだ。それだけ、他藩には自領のことを知られたくなかった。

転封が正式に通告される前日の十月晦日、今回の国替えの火付け役である川越藩は忍びの者三名（布沢太兵衛・布沢実右衛門・山本順右衛門）を庄内に向けて送った。金百両を与えて、庄内領の探索を命じる。

布沢たち三名は酒井家の居城鶴岡城下への潜入を果たすも、庄内藩による厳重な他国者への詮索に遭い、探索は困難を極める。国替えのため領内が動揺する庄内藩は城下に他国者が入り込んでくることに神経を尖らせていたが、なかでも警戒していたのが川越からの隠密だった。

幕命による国替えである以上、庄内藩としては川越藩への不満は表向き表明できなかったが、国替えに良い感情などとても持てず、川越からの隠密の取り締まりに血眼になる。布沢たち隠密も吟味を受けたが、話し言葉で関東者とすぐに分かってしまった。さては川越からの隠密かとみなされ、追及から逃れるのに苦労している。

そんな厳しい環境のなか、庄内領の探索を進めた忍びの者たちは、約一か月後の十二月五日夜に川越へ戻る。翌六日、探索結果を報告して任務を完了させた。

忍びの者に課していた探索項目は二十八か条にも及んだが、主な内容は次のとおりである。庄内領の実際の収穫高はどれほどか。領民の気風はどうか。城内外の様子はどんなものか。米などの価格はどれほどか。気候はどうか。庄内領の広さはどれくらいか。水田が多いのか、それとも畑が多い土地柄なのか。

現地での探索結果は次のとおり。

庄内領の実際の収獲高は三十万石ほどである。領民の気風は律儀で、贅沢な暮らしをしている者もいない。城内は広く、堀は満々と水を湛えている。城外の武家屋敷は五百軒ほどあり、足軽屋敷なども含めると計二千三百〜二千四百軒に達する。米価は金十両で三十三〜三十四俵（一俵に付き五斗入り）の米が買える価格である。気候は三月末から暖かくなり、六月頃はたいへん暑い。八月頃から寒くなり、十月から雪が降りはじめる。庄内領の広さは東西八里三十六町五十間、南北二十五里二十七町。水田が多い土地柄である（青木美智男「天保一一年三方領知替の意図と川越藩の動向」『日本近世社会の形成と変容の諸相』ゆまに書房）。

探索はお互いさま

ただし、この探索結果は風聞のレベルを越えるものではなかった。その信憑性に疑わしい面があったことは否めないが、厳重な警戒網が敷かれていた以上、風聞の真偽を十分に確かめるのは無理だった。確かめるような行動に出ればおのずから目立ってしまい、不審者ということで捕縛される恐れがあった。

このように、川越からの隠密が城下や領内に潜入することを警戒していた庄内藩であったが、同藩も転封先の長岡に藩士を派遣していた。足軽の玉江三保蔵と林東弥が長岡領の探索に向かったが、その際二人は次のような命令を受ける。

商人に変装し、取り扱う商品の知識についても頭に入れておくこと。長岡城内の様子や城下の武家屋敷・町屋敷を調査せよ。できれば、城下の概略図を買い求めよ。城の近辺や長岡領の農村を調査し、概略図に描けるほどの情報を得るよう努めること。城下の寺院数を調査せよ。

あえて商人に変装するよう命じたことからも、二人が庄内藩の隠密だったことは間違いない。川越藩が庄内領に派遣した忍びの者も商人などに変装して探索にあたったはずだ。なお、長岡藩の吟味を受けることも想定し、商品に関する知識を身に付けておくよう求めていたのは興味深いところだ。

長岡藩にしても庄内藩の隠密が潜入してくることは想定内だった。厳重な取り締まりに遭い、潜入を諦めた隠密もいたようだ。

そんな長岡藩も、転封先の川越に藩士の長沢時弥と桜井藤右衛門の二名を派遣している。川越領の実情を探索するため派遣された隠密だったことはいうまでもない。

新領主へのご機嫌伺いに向かう領民

川越・庄内・長岡の三藩は、各々の転封先に藩士（隠密）を派遣して情報収集に努めたが、転封してくる大名の領内には領民を派遣している。その目的は、新しい領主に対してご機嫌伺いをさせることにあった。領民から挨拶させたのである。

転封先への隠密派遣と同じく、これまで取り上げてきた事例では確認できなかった動きだが、国替えでは別に珍しいことではなかったに違いない。領民側にしてみれば新しい領主との関係は気になるところで、転封前に挨拶を済ませておくことは大事である。新領主側も望むところだったろう。

長岡藩が転封してくる庄内藩に領民を派遣した事例をみてみる。

十二月一日、上組割元の高野弥兵衛と庄屋の四郎次が庄内領に向けて出立した。長岡藩では領内三百八十四か村を上組・北組・西（河西）組・栃尾組・河根川組・巻組・曽根組の七か組に編成し、各組に割元、各村に庄屋を置いて農村支配にあたっていた。つまり、割元や庄屋といった村役人の代表として、高野たちを庄内に向かわせた。

長岡領の村役人にしてみると、新領主となるはずの酒井家の農村支配の方式には当然ながら強い関心を持っていた。よって、現地を見て回った高野たちは長岡と対比しつつ、その支配方式を克明に記録している。

ただし、この時は酒井家への正式の挨拶までには至らなかった。正式に挨拶したのは翌十二年三月のことである。

再び庄内領に赴いた高野たちは鶴岡城下に入り、庄内領で同じ立場にあった大庄屋たちの案内で、家老、町奉行、郡奉行などに挨拶回りをしている。その後、長岡領七か組からとして藩主父子や家老以下諸役人に鰹節・酒・真綿を献上した。藩主父子からは返礼の形で、金や白銀、銭が下賜されている。

一連の儀礼が終了すると、高野たちは帰国の途に就いた。あとは、酒井家とその家中が長岡に移ってくるのを待つだけとなったが、酒井家が長岡にやってくることはついになかったのである（剣持利夫「天保十一年『三方領知替』事件」）。

2　庄内藩領民の激しい抵抗運動

国替え反対の背景

国替えの事務は粛々と進められたものの、当事者の三藩内では金銭トラブルなど第Ⅳ章でみたような混乱が続発していた。この三方領知替で恩恵を受ける川越藩も例外ではない。

財政難に苦しむ藩主松平家は年貢の皆済を厳命する一方で、「才覚金」の名目などで取り立てていた御用金の返済は求めないよう領民に命じた。いわば借金の踏み倒しを狙ったわけだが、国替えでは定番の光景でもあった。

しかし、あまりにも虫の良い一方的な通告に領民たちは猛反発する。領内は騒然となり、藩主への駕籠訴だけでなく、幕府に直訴を企てる動きまでみられた。

長岡藩でも同様の動きがあったことは既に述べた。藩士が、領民から借用している金などを返済したいのはやまやまだが思うに任せないと、泣き落としに出ている。

藩や藩士に借財を踏み倒されることへの危機感から、領民たちが返済を求める運動を展開するのは珍しいことではなかったが、国替え自体に反対する運動へ発展する場合もあった。

立派なお殿様であるから、引き続き藩主でいてほしいという論法で国替えに反対したが、それは建前に過ぎなかった。国替えにより被る不利益から逃れたいというのが本音である。

そうした意図のもと、庄内藩の領民たちは国替え反対運動を半年以上にもわたって繰り広げていく。

国替えにはいくつかの法則があった。戦略上の理由、幕府の要職就任あるいは懲罰として幕府は国替えを命じた。前章で取り上げた水野忠邦の浜松転封は将軍側近への裏工作により実現したが、忠邦の寺社奉行就任と浜松藩主井上正甫に対する懲罰としての棚倉転封が組み合わせられたものであり、国替えの法則に基づいていた。

ところが、今回の酒井家の長岡転封では、国替えの法則は作動しなかった。酒井家にしてみれば転封される理由はなかったが、松平家の裏工作により国替えを余儀なくされる。大いに不満ではあったが、幕命には背けない。国替えの準備に取りかからざるを得なかったが、これに反発する動きが足元から起きる。

その口火を切ったのは、庄内領で大庄屋の書役を勤める本間辰之助という村役人だった。辰之助は同志と密議を重ね、天保十一年十一月二十三日に十一名の農民を江戸に向かわせる。駕籠で江戸城へ向かう幕閣要人に対して、直訴を敢行しようとしたのだ。

国替えに反対する運動を領民たちが起こした動機は、松平家の所領となることへの不安であった。この頃、松平家の財政難は広く知られていたが、それだけではない。財政難ゆえに年貢の取り立てが厳しいことも広まっており、庄内領の農民にとってみれば明日は我が身だったからである。

庄内藩領民、幕閣要人へ直訴を敢行

江戸に到着した農民たちは直訴の機会を窺うが、その際に提出しようとしていた「お慕い願い」と称された訴状はどういう内容のものだったのか。

藩主酒井家が国替えとなることを知り、領民たちはみな嘆き悲しんでいる。凶作の時はお殿様や庄内領の富豪たちによる手厚い対応により、庄内領は他領とは異なり餓死者はもちろん、物乞いとなる者さえ一人もいなかった。米や金を十分に配ってくれたからだ。お殿様は領民に貸し付けていた米や金の返済も免除してくれた。

ところが、酒井家が転封となれば、お殿様だけでなく、富豪たちも長岡に御供したいと願い出ていることから、今後は領民たちの生活が支援される望みはない。凶作の時はもはや生きていけない。

よって、酒井家にはこれまで通り庄内領のお殿様でいてもらうしかないと、領民たちは泣き騒いでいる。もう神々に祈るしかないとして、出羽三山をはじめ領内や城下の神仏に参詣している。

酒井家の長年にわたる善政を埋由に同家の支配を強く望むという論法で、松平家が庄内へ国替えとなるのを防ごうとしたのだ。

江戸へやってきた庄内領の農民たちは、馬喰町の大松屋という旅籠に投宿し、直訴の機会を窺った。馬喰町は公事宿と呼ばれた宿屋が立ち並ぶ町である。公事宿とは幕府の町・勘定・寺社奉行所などに出訴するため地方からやってきた町人や農民が逗留する宿屋のことで、大松屋はその一つだろう。

庄内領の領民が企てていた直訴は正規の手続きを踏んだ訴訟ではないため越訴と呼ばれたが、当時直訴は珍しいものではなかった。直訴に象徴される越訴は禁止されていたが、幕府から厳罰に処せられることはあまりなく、老中など幕閣要人への直訴は絶えなかったのが実情である。

しかし、領民たちが幕府からの国替えの通告に異議申し立てを行うのは、領主として放置できない。不穏な動きを察知していた酒井家は農民たちの居所を突き止め、国元へ送還してしまう。

その頃、庄内領では本間辰之助たちによる江戸出訴の動きに刺激され、同様の動きが起きていた。十二月十三日、二十一名の農民が領内を抜け出して江戸へ向かう。

藩の追っ手にかかり、その説得を受けて十名が帰郷を余儀なくされるが、残りの十一名は江戸に到着し、十二年正月二十日に駕籠訴を敢行する。手分けして、大老井伊直亮、老中首座水野忠邦、老中太田資始、老中脇坂安董などが駕籠で登城する途中、訴状を提出したのである。

この後も、幕閣要人への駕籠訴は繰り返された。天保十一年の国替えの件で、忠邦や資始には各五回、大老の直亮や他の老中にも各三回、駕籠訴を敢行している。六月からは若年寄や大目付も対象となっている。

近隣諸藩への愁訴と庄内藩の巻き返し

当初、庄内領の領民による直訴は国替えを命じた幕府に向けられたものだったが、十二年四月からは徳川御三家の水戸藩に加え、同じ東北の有力大名もその対象となる。四月に水戸藩、五月に仙台藩伊達家、六月に秋田藩佐竹家と会津藩松平家、七月には米沢藩上杉家の所領に赴き、直訴した。愁訴したのである。

当時の水戸藩主は、天保九年に「戊戌《ぼじゅつ》封事《ふうじ》」という題目の将軍家慶宛の意見書を作成した徳川斉昭である（提出は翌十年）。大塩平八郎の乱に象徴される国内の動揺に加え、度重なる異国船の来航という現下の状況に危機感を抱いた斉昭は、これを内憂外患と評し、幕政改革が急務であることを同書で訴えていた。

御三家は幕政には関与できなかったものの、徳川一門の代表格としての発言は幕府として無視できなかった。この後、水戸藩は幕末に向けて存在感を強めるが、庄内領の領民としては将軍に意見書を提出できた水戸藩の政治力に期待せざるを得ない。将軍に国替えの中止を働きかけてほしいと暗に願ったのだろう。

水戸藩以外の藩は東北の大藩である。会津藩以外は外様大名だが、いずれの藩も入封以来、二百年以上転封されなかったという点で酒井家と同じ立場である。だから、今回の突然の転封は衝撃的で、明日は我が身かもしれないと危機感を抱いたはずだ。領民たちはその危機感に訴えることで、幕府に対して予防線を張りたい東北の大藩を味方に付けようと狙ったのである。

江戸の幕閣要人や東北の大藩に向けて直訴を仕掛けた領民たちは、地元でも示威行動を繰り返していた。幟り旗を翻した領民たちが酒田湊の大浜に多数集結し、国替え反対の声を上げたのである。篝火が焚かれるなか、百姓といえども二君に仕えないと書かれた旗も翻ったという。転封中止の祈禱も執り行われるなど、国替え反対の運動は庄内領全域で盛んであった。

領民たちの示威行動に対し、酒井家は遠巻きに監視するのみだった。表だって取り締まることもなかった。内心、酒井家は今回の国替えには非常に不満だったからである。過激な行動に出るのでなければ、制止するつもりはなかった。

実は、酒井家は国替えの通告直後より幕閣への工作を開始していた。当初は国替えの撤回を目指したが、それはさすがに断念せざるを得なかった。そのため、長岡転封後も酒田湊を引き続き領有することを目指して忠邦にかけ合うも、拒絶に遭う。だが、庄内領を少しでも領有し続けようという意思は捨てなかった。

国替えの通告は受諾したものの、水面下で巻き返しをはかる酒井家にとり、領民たちによる駕籠訴や示威行動はむしろ追い風になりうるものであった。江戸出訴の動きを抑え込んだのは事実だが、その後も駕籠訴は続いたことから、あくまでもポーズに過ぎなかったことは明らかだった。

巻き返しのためには、一連の領民たちの行動を最大限利用することも辞さなかった。領民たちも、そんな酒井家の狙いはよく分かっていたのである。

3 国替えの撤回に追い込まれる

外様大名からの異議申し立て

天保十一年の三方領知替では、これまでみてきたような国替えの法則は作動しなかった。財政難に苦しむ川越藩松平家が人事権を持つ将軍家斉に運動した結果であり、まさしく情実（家斉の恣意）による国替えだった。松平家は満足したものの、とばっちりを受けて転封を余儀なくされた酒井家や牧野家の不満は大きかった。

国替えに反発したのは、お殿様や家臣だけではない。庄内領の領民も苛政で知られた松平家の所領となることへの不安から、酒井家に引き続き領主でいてほしいというお慕い願いを幕閣に届け出る一方で、水戸藩や東北諸藩にアプローチをかける。結果からみると、幕閣への直訴もさることながら、他藩への愁訴が国替え中止への大きな追い風となったことは否めない。

天保十二年五月に仙台藩伊達家の領内に入り込んだ庄内領の農民の数は三百人余にも達したが、伊達家ではその扱いに苦慮する。他領の領民であり手荒なことはできなかった。仮に捕縛などすれば、酒井家との関係は悪化せざるを得ない。強制送還の措置も取れず、自主的に庄内領に戻るよう粘り強く説得するしかなかった。

もちろん、庄内領の領民はその辺りの機微を十分に弁えた上で、伊達家の領内に入り込んだのである。たとえ、伊達家の領内に入り込んでも手荒なことはされないと、山野に野宿しながら、窮状を伊達家にアピールした。

伊達家は困惑する。窮状を訴えられても、国替えの当事者ではない以上、どうすることもできなかったが、領民たちの行動にはきわめて同情的だった。領民がお慕い願いという形で、酒井家の長年にわたる善政を理由に同家の支配を強く望んだことに、その心掛けはあっぱれなものというスタンスを取る。

領主としては、自分の施政が領民から熱烈に支持されることは望ましく、心強い。言い換えると、庄内領の領民たちはそれを逆手に取る形で伊達家の同情を期待した。こうした構図は、愁訴した他の東北諸藩の場合についてもあてはまる。

三方領知替の発令から二か月以上経過した天保十二年一月十五日、伊達家をはじめとする有力外様大名たちは、連名で次のような伺書を老中宛に提出していた。

将軍から拝領した所領は、自分たちの先祖による徳川家への御奉公が評価されてのものである。ところが、近年、老中や将軍の覚え目でたい者に取り入った大名の希望に沿う形で、先祖が拝領した所領が取り上げられる事例がみられるが、これでは難渋至極だ。どういう理由で国替えを命じたのかを教えていただきたい。

天保十一年の三方領知替への疑問を暗にぶつけて来たのである。国替えの法則に基づく転封ではなかったことを問題視したわけだ。それが、有力外様大名の間で流れる空気だった。

翌閏正月には、酒井家の長岡転封の理由をはっきりと問う伺書を老中宛に提出している。人事異動の理由を問いただしたのだ。

外様大名にとってみれば、明日は我が身だった。これまでは何も落ち度がなければ転封されることはないと思い込んでいたが、そんな常識が今回覆されてしまったことに動揺の色を隠せなかった。伺書の形を取っているものの、その内容は異議申し立ての性格の強い質問状に他ならない。詰問といってもよく、幕府に与えた衝撃は大きかった。

この二つの伺書は連名で提出されたが、庄内領の領民が領内に入り込んでいた伊達家では単独で伺書を提出している。幕政への介入ではないと断りつつ、酒井家には転封を命じられるような理由は見当たらない。よって、道理のない国替えであるという世評も謂れのないことではない。婉曲な表現ながらも、今回の三方領知替に正面から異を唱えたのである。

事態の収拾を目指す将軍家慶

窮地に追い込まれていた酒井家にとり、有力外様大名たちの伺書は大きな支えとなるが、幕府としては一度下した命令は撤回できなかった。仮に撤回すれば、悪しき前例を作ってしまう。幕府の権威の失墜は避けられない。

かといって、国替えの理由を明示することは難しかった。家斉の息子が松平家の世継ぎであることへの優遇措置とは表明できなかった。

そうしたなか、事態が大きく動き出す前兆が江戸城内で起きる。十二年閏正月、今回の国替えを命じた前将軍家斉が死去したのだ。五月には、家斉の息子で松平家の世継ぎとなっていた斉省まで病死する。

国替えの立役者ともいうべき二人の死は、その撤回を目指す酒井家にとり追い風となる。将軍家慶にしてみると、国替えを何が何でも貫徹させようという意志が薄らいでいくのである。

大御所として幕府に君臨していた家斉の死去を受け、その威に雌伏していた老中首座水野忠邦は家斉の寵臣たちを粛清する。五月に入ると、享保・寛政改革の精神に則った幕政改革をスタートさせた。忠邦が家慶の厚い信任を得ていたことが、天保改革を可能にしたが、三方領知替への対応をめぐり二人の意見は対立していた。

庄内領の領民たちによる国替え反対運動、天保十一年の国替えは道理のない国替えだという世評を家慶は知っていた。御側御用取次の新見正路が将軍直属の御庭番を介して集めてきた情報に接し、憂慮すべき事態と認識していたのである。有力外様大名たちが伺書という形で老中に質問状を提出したことも重く受け止めていた。

家斉の死去により名実ともに将軍となった家慶は、事態を収拾するため、国替えの中止を決断する。六月七日に忠邦を呼び出し、その旨を伝えた。

庄内領の領民たちが国替えに反対しているのは、領主酒井家を慕っていることだけが理由ではない。既に松平家の財政難が伝わっており、松平家が新領主となれば年貢の取り立てが厳しくなると不安に駆られているからだ。このような状況で松平家が庄内領の領主となっても、領民たちが帰服するはずもない。その上財政難であるから年貢の取り立ては厳しくなり、とても仁政を施すことはできない。

幸い、城や所領の引き渡し（受け取り）がいまだ完了していない段階である。庄内領の領民たちの反対運動や酒井家からの嘆願に押し切られてではなく、先手を打つ形で幕府の方から国替えを中止すると命じよ。その代わり、財政難の松平家には別に加増を検討せよ。

将軍は老中をトップとする支配機構（幕府）に幕政の運営を任せている関係で、老中に直接具体的な指示を下すことはほとんどなかった。つまり、この時の指示はきわめて異例だった。それだけ事態を危惧していたことが分かる。いわば聖断であった。

家慶はこのまま松平家が庄内領の領主となっても、領民たちの反発を買って支配がうまく進まないことを危惧したわけだが、先に伺書を提出した伊達家なども同様の見方を取っていた。よって、国替えは中止すべきである。まさに家慶と同じだった。

絶対君主たる将軍からの指示である以上、老中首座の忠邦としてはその意を受けて動くのが幕政の常道だ。他の老中たちは家慶の意に従うが、しかし忠邦は納得せず、国替えの断行を強く主張するのである。

国替えの中止

同十日、忠邦は家慶に対して再考を求める書面を提出した。

たとえ蝦夷地（北海道）への転封を命じられようと、大名は将軍の命令に背くことはできない。酒井家のような譜代大名に至ってはなおさらだ。にも拘わらず、今回の転封を中止してしまえば、今後国替えはもちろん、江戸城の修復や河川の修築などの課役を諸大名に賦課しても、かれこれ理由を付けて逃れようとするだろう。まずは、庄内領の実態を探索の上、国替えを厳命すべきである。

忠邦は今回の中止が悪しき前例となることを危険視していた。大名の抵抗により幕府の命令がいちいち覆されるようでは、その威信はもはや成り立たない。

国替えは莫大な出費を大名に強いるものだったが、江戸城の修復や河川の修築にしても巨額の出費は避けられない。今後、何かと理由を付けて幕府からの課役を逃れようとするのは火を見るよりも明らかだった。

要するに、これが蟻の一穴となって諸大名が幕府の命令に従わなくなる事態に陥ることを恐れ、家慶に異を唱えたのである。家慶は忠邦の顔を立てて庄内領を御庭番に探索させたが、方針は変わらなかった。

三方領知替の通告から八か月以上も経過した七月十二日、幕府はその中止を三藩に伝えた。併せて、松平家には二万石を加増することで慰撫した。国替えに必要な費用を御用金として徴収する必要もなくなった酒井家や牧野家は大喜びする。一方、松平家は一転、意気消沈する。頼みの綱である家斉と斉省を失ったことは大きかった。

揺らぐ権力の威信

翌十三日、忠邦は国替えの中止を受け、混乱の責任を取るとして家慶に辞表を提出する。幕府がいったん命じた国替えが中止された事例は元和以来ない。家慶の聖断に対する抗議の意思が込められた辞表であった。

元和元年に家康が豊臣家を滅ぼしたことで、徳川家は名実ともに武家の棟梁(将軍)として君臨した。それ以来、一度下した国替えの命令を自ら覆すことなどなかった。そんな諸大名に対する強い姿勢が幕府の権威を支えていた以上、今回の国替え中止とはその威信を大いに傷付けるものでしかないと指摘したかったのである。

驚いた家慶は忠邦を慰留する。忠邦も辞意を撤回し、引き続き幕府のトップとして天保改革を進めていくが、忠邦の懸念は当たることになる。

以後、幕府が大名に転封を命じることはほとんどなく、そのまま終焉を迎えたからだ。大名の反発に遭って中止に追い込まれるのを恐れた結果であったことは想像するにたやすい。それだけ、今回の国替えの中止はトラウマとして幕閣の記憶に残った。幕府は自壊への道を歩みはじめてしまったのである(北島正元「『三方領知替』と上知令」『金鯱叢書』第一輯。

『川越市史』第三巻近世編。『鶴岡市史』上巻）。

エピローグ　国替えを命じられた将軍様

権力の終焉――徳川家の国替え

大名の抵抗に遭って国替えの撤回に追い込まれるという前代未聞の事件から三十年も経たないうちに、幕府は大政奉還という形でその幕を自ら下ろし、徳川宗家は将軍から一大名の地位に降りた。慶応三年（一八六七）十月のことである。

翌四年（一八六八）正月の鳥羽・伏見の戦いで、最後の将軍徳川慶喜は天皇を奉じる薩摩・長州藩に敗れ、江戸へ逃げ戻った。四月十一日には江戸城を新政府軍に明け渡し、謹慎先に指定された水戸へと向かった。

しかし、新政府軍に反発する徳川家内部の抵抗勢力は上野寛永寺の境内に籠もった。彰義隊と称して敵対姿勢を崩さなかったが、五月十五日に新政府は総攻撃を仕掛け、武力鎮圧に成功する。彰義隊の戦いという名で知られる上野戦争だ。

上野戦争からわずか十日後の五月二十四日、慶喜の跡を継いで徳川宗家（旧徳川将軍家）の当主となっていた徳川亀之助（家達）は駿河国府中（駿府）城主に封ぜられ、駿河・遠江国などで七十万石を与えられた。駿河府中藩、後の静岡藩の誕生である。

徳川宗家が駿河・遠江で七十万石を新政府から拝領したことで、両国に所領があった諸藩は、玉突き人事のように上総・安房など房総半島にそれぞれ転封される。かつては徳川家の直轄地だった場所だ。

徳川家の所領は直轄領に加えて家臣たる旗本に与えた所領も含めると、俗に八百万石といわれる。これが取り上げられた上で、改めて七十万石が与えられたが、それまでの身上の十分の一にも満たない大減封。しかも、江戸城を取り上げられた上での国替えであった。

大リストラを迫られる

江戸開城時にあたる慶応四年四月の数字によると、旧幕臣つまり徳川家の家臣の数は旗本が六千人ほど、御家人が二万六千人で計三万人強。ところが、七十万石の大名として抱えることが可能な藩士の数は、せいぜい五千人と見積もられていた。つまり二万人以上の旧幕臣をリストラせざるを得ない。召し抱える五千人にしても、今までの俸禄水準が維持されるとは限らず、大幅な給与カットを覚悟しなければならなかった。

家臣団の大リストラを迫られた徳川家は家臣に対し、今後の身の振り方として三つの選択肢を提示する。

①徳川家から離れて新政府に仕える。

②同じく徳川家から離れて農業か商売をはじめる。

③無禄覚悟で徳川家とともに新領地静岡に移住する。

政府が徳川家から取り上げようとしたのは、領地だけではない。新政府に仕える意思のない旧幕臣に対して、幕府から拝領していた江戸屋敷からの立ち退きを命じる。

七月十七日、新政府は江戸を東京と改める。天皇の東京行幸（東幸）、そして東京への遷都が既に政治日程に上っていたのだ。九月八日には、慶応から明治へと改元される。同二十日には明治天皇が京都を出発し、十月十三日に東京へ入った。ここに、江戸城は東京城と改められ、皇居としての歴史がはじまることになる。

こうしたタイムスケジュールのなか、明治政府は江戸改め東京を首都とする国家づくりを急ピッチで進めていたが、その際、役所の用地や役人に与える屋敷の確保は不可欠だ。そこで目を付けたのが、皇居となる江戸城周辺に展開する旧幕臣たちの屋敷だった。

政府に仕える意思のない旧幕臣とその家族が、合わせて数万人も東京に居座ったままでは何かと不安であり、不都合でもあった。よって、政府に仕えるか、武士を捨て商売か農業をはじめるか、あるいは静岡に移住するかの選択を旧幕臣に迫るよう徳川家を督促したのである。

家臣団の苦難の移住

慶応四年、つまり明治元年（一八六八）は徳川家臣団にとり、運命の別れ道となった年だった。この時の徳川家臣団の選択について、明治三十五年（一九〇二）になってから、後に歴史小説家となる塚原靖が回顧している。嘉永元年（一八四八）、根来《ねごろ》百人組の与力の家に生まれたが、この時に静岡への無禄移住の道を選び、窮乏生活を送ることになる。

三つの選択肢のうち、新政府に仕えれば幕臣時代の禄高（後に大幅カット）も屋敷もそのままだった。賊軍とされた割にはかなりの好条件だったが、旧幕臣でこれを選択する者は少なかった。五千人弱が徳川家の籍を離れて政府に仕える。しかし、残りの二万数千人は政府に仕えることを潔しとしなかった。所領を持っていた旗本の場合、それまで支配していた農村に引き籠もる事例が多かった。小禄の御家人は商売をはじめた。その数は、合わせて四千五百人ほど。江戸を脱走して政府に抵抗していた者も大勢いた。

それらの数字を差し引いても一万人をかなり超えてしまうが、彼らが選んだのは無禄移住の道だった。この道を選択した旧幕臣の数が最も多かったのである。生活の保障がなくても徳川家の家臣でいたいと希望したわけだが、政府に仕えることを潔しとせず、武士の意地を貫いた者の大半には、厳しい運命が待っていた。

静岡藩主徳川家達が駿府城に入ったのは明治元年八月十五日のことだが、この前後、無禄移住組も含めた徳川家の家臣団は新領地の駿河・遠江に続々と入った。その数は一万人以上、家族も含めると数万人にも達した。

徳川家では家臣たちをして陸路を進ませる一方、外国商船（蒸気船）をチャーターして駿河清水港まで送り届けている。船ならば大量の人数を一度に運ぶことも可能だったが、海路組の一人でもある塚原の見た船中の光景とは、次のような凄まじいものであった。

「階子の口まで行って見ると驚いた！　船中の混雑を防ぐためでもあろう、階子はとってある。わきの手すりに捉まって下方を見ると、臥棚《ねだな》もなければ何もない伽藍堂の板敷の上に、実に驚く、鮨を詰めたと謂おうか、目刺《めざし》鰯を並べたと謂おうか、数限りも知れぬ人間の頭がずらりと列んで、誰も彼ももう寝ているのであるが、その枕としているのは何だというと他人の足で、自分の足もまた他の枕にされているのだ」（「明治元年」『幕末の武家』青蛙房、以下同じ）。

自分の足が他人の枕になり、自分も他人の足を枕にして寝るという、まさにすし詰め状態の異常な混雑だったことが分かる。

いくら蒸気船とはいえ、外海に出れば船は激しく揺れて船酔いに苦しむ者が続出する。船中が異常に混雑していた環境もマイナスに働いた。塚原によれば、船中は阿鼻叫喚《あびきょうかん》の巷と化し、生き地獄の惨状を呈した。死者も四、五人出たほか、産気付いて出産した女性も五、六人いたという。

主家が国替えを命じる立場から命じられる立場に転落したことを、徳川家の家臣は身に染みて味わう移住の旅だったのである。

転封先で窮乏生活を強いられる

こうした艱難辛苦の末、新領地に入った徳川家臣団はほぼ半数ずつ駿河と遠江に振り分けられた。静岡藩は駿府をはじめ、沼津・田中・浜松・掛川などの城下に奉行所を設置し、その下に勤番組を置いた。家臣の過半は勤番組士として扶持米が支給されたが、その量は雀の涙でしかなかった。

三千石以上だった家臣は五人扶持、千石以上は四人扶持、五百石以上は三人扶持、百石以上は二人半扶持、二十俵以上は二人扶持、二十俵以下は一人半扶持が支給されたが、一人扶持はわずか一石八斗に過ぎない。三千石以上の身上を誇った家臣の場合でみれば、いわば給与の削減率は限りなく一〇〇％に近かった。

徳川家としても、七十万石の身上で一万人を超える家臣を養うのは無理だった。その上、転封当時は財政に余裕がまったくない。無禄でも構わないという条件で移住してきた以上、扶持米を支給されるだけでも家臣たちは御の字のはずだったが、これで家族や家臣を抱えて生活していくのは難しかった。後に扶持米は二～三倍増額されたが、とても足りなかった。

大半の静岡藩士は扶持米を売って生活費に充てたが、扶持米を売り払ってしまえば食べ物は手元にはなくなる。塚原は本多家の居城だった駿河田中城に勤番組士として詰めたが、勤務日以外（非番）は食料の確保に駆け回らざるを得なかった。

「非番の折りには、城内から一里半ほどの城《じゃう》が腰の海辺（今鉄道の通っている処）へ行って、青海苔を採って来て干して食う。或いは藤枝の山手の太閤平、盃松などの谷へ行っては蕨や大薇《ぜんまい》などを摘んでは食う。いやもう伯夷叔斎と嶋の俊寛を合併した景色でしたね（中略）或る人の如きは、真にその三食の資に尽きて、家内七人枕を並べて飢えて死に、また或る人は五日とか七日とか一粒の食をも得んで苦しんでいるのを、村の者が怪しんで、初めてその餓死にのぞんだと知り、或る者は逸早《いちはや》く麦粥を煮て食わせたところが、哀れむべし、その男、ひもじいままに一度に数椀を尽くした、と看るうちに忽ち非常の苦悶を発して、たちまちに息絶えたと聞きました」

城から六キロメートルほど離れた海辺まで出かけ、青海苔を採取して干し、それを食料とした。あるいは、城下近くの東海道藤枝宿の谷に入り、ワラビなどを採取して飢えを凌いだという。

伯夷《はくい》叔斎《しゅくせい》とは、古代中国の伝説上の人物だ。周の武王は伯夷と叔斎が諫めるのを聞かず、主君にあたる殷の紂王を討って天下を統一した。両人は周に仕えることを恥じ、首陽山に隠れてワラビを食べながら生活したが、やがて餓死する。塚原は、ワラビを採取して食べた自分を伯夷叔斎に喩えたのである。

嶋の俊寛とは、鬼界ヶ島《きかいがしま》に流罪となった僧俊寛のことを指す。御白河法皇の側近であった俊寛は平家打倒の陰謀が発覚し、藤原成経や平康頼らとともに首謀者として鬼界ヶ島に流された。翌年、成経と康頼は赦免となったが、俊寛は許されなかった。悲嘆に暮れた俊寛は餓死する。

鬼界ヶ島は離島であり、食べるものにも事欠く過酷な生活環境だったが、同じく静岡藩士となった旧幕臣たちの生活水準も、その日の食べ物に困るほどの惨状を呈していたと、塚原はいいたかったのだ。島流しに遭ったような心情だったのだろう。住宅事情もたいへん悪く、裏店住まいや農家の小屋を借りて住居とする事例も珍しくなかった。

七人家族が枕を並べて餓死した事例、飢えに苦しんだ者に麦粥を食べさせたところ、一気に食べたため縮んでいた胃が詰まり即死した事例なども、塚原は紹介している（安藤優一郎『幕末維新　消された歴史』日本経済新聞出版社）。

国替えよりも献金

明治政府による国替えの命令に苦しんだのは、かつての将軍家の家臣たちだけではなかった。

戊辰戦争の戦後処理で改易（御家断絶）となった会津藩松平家は御家再興運動の結果、斗南藩として復活を許される。ただし、所領はかつての二十三万石から三万石にまで減らされた。一年ほどのタイムラグの後、減封の上、国替えとなった格好である。

しかし、三万石の所領とは名ばかりで、実際は七千石ほどの収獲しかなかった。藩士たちが新領地の下北半島で過酷な生活を強いられたことは、会津藩士から陸軍大将に上りつめた柴五郎の回顧録『ある明治人の記録』を通して広く知られている。

同じく戊辰戦争の戦後処理で、いったん改易となるも新規に所領を与えられた事例はいくつもある。例えば、会津藩とともに新政府軍と戦った庄内藩酒井家や盛岡藩南部家も改易処分が下るが、家名の再興が同時に許されて新知という形で所領が与えられた。事実上の減封処分だったが、会津藩のように国替えを伴うものであった。

明治元年十二月、表高十七万石の庄内藩には旧会津藩領で十二万石、二十万石の盛岡藩には旧仙台藩領陸奥国白石で十三万石が与えられる。庄内藩は五万石減封の上、会津への国替え。盛岡藩は七万石減封の上、白石への国替えが命じられた。

しかし、両藩とも国替えに難色を示す。減封は甘受するとしても、そのまま庄内あるいは盛岡に何としてもとどまりたい。両藩ともその中止を求め、政府への運動を開始する。前章でみたように、庄内藩の場合は、国替えの中止を勝ち取った貴重な前例があった。

三条実美や岩倉具視など政府の要人に莫大な金品を贈った結果、翌二年（一八六九）五月に庄内藩は国替え中止を勝ち取る。ところが、翌六月に同じ陸奥国磐城平への国替えが命じられた。

驚いた庄内藩は国替え中止の運動を再開し、政府に七十万両を献金する条件で、何とか庄内にとどまることができた。盛岡藩も七十万両の献金により、盛岡にとどまることに成功する（安藤優一郎『明治維新　隠された真実』日本経済新聞出版社）。

誕生したばかりで財政難に苦しむ明治政府としては、国替えを命じるよりも、その代償としての献金の方が魅力的だった。両藩が莫大な出費を厭うことなく国替えの中止を目指したのも、繰り返すまでもないが、それだけ負担を強いられるからだ。

それから二年後に、国替え自体が消滅する。明治四年七月の廃藩置県により、藩つまり大名が消滅したのである。

本書執筆にあたっては日本経済新聞出版社の網野一憲氏のお世話になりました。末尾ながら、深く感謝いたします。

二〇二〇年一月

安藤優一郎

参考文献

北島正元『水野忠邦』吉川弘文館、一九六九年
山本博文『お殿様たちの出世―江戸幕府老中への道』新潮選書、二〇〇七年
白峰旬『江戸大名のお引っ越し―居城受け渡しの作法』新人物往来社、二〇一〇年
氏家幹人『旗本御家人―驚きの幕臣社会の真実』洋泉社歴史新書y、二〇一一年
安藤優一郎『参勤交代の真相』徳間文庫カレッジ、二〇一六年

安藤優一郎 あんどう・ゆういちろう

歴史家。文学博士（早稲田大学）。1965年千葉県生まれ。早稲田大学教育学部卒業、同大学院文学研究科博士後期課程満期退学。「JR東日本・大人の休日倶楽部」など生涯学習講座の講師を務める。『幕末維新　消された歴史』『明治維新　隠された真実』『河井継之助』『相続の日本史』『30の名城から読む日本史』『30の神社から読む日本史』『西郷どんの真実』『徳川慶喜と渋沢栄一』ほか著書多数。

日経プレミアシリーズ｜420

お殿《との》様《さま》の人《じん》事《じ》異《い》動《どう》

二〇二〇年二月一〇日　一刷
二〇二〇年三月二三日　三刷

著者　安藤優一郎
発行者　金子　豊
発行所　日本経済新聞出版社
https://www.nikkeibook.com/
東京都千代田区大手町一―三―七　〒一〇〇―八〇六六
装幀　ベターデイズ
組版　マーリンクレイン
印刷・製本　凸版印刷株式会社

ISBN 978-4-532-26420-8　Printed in Japan